의심을 딛고 믿음으로

의심을 딛고 믿음으로

지은이 | 필립 라이큰
옮긴이 | 정성묵
초판 발행 | 2024. 12. 18.
등록번호 | 제1988-000080호
등록된 곳 | 서울특별시 용산구 서빙고로65길 38
발행처 | 사단법인 두란노서원
영업부 | 02) 2078-3333 FAX | 080-749-3705
출판부 | 02) 2078-3332

책값은 뒤표지에 있습니다.
ISBN 978-89-531-4992-2 03230

독자의 의견을 기다립니다.
tpress@duranno.com www.duranno.com

두란노서원은 바울 사도가 3차 전도 여행 때 에베소에서 성령 받은 제자들을 따로 세워 하나님의 말씀으로 양육
하던 장소입니다. 사도행전 19장 8-20절의 정신에 따라 첫째 목회자를 돕는 사역과 평신도를 훈련시키는 사역,
둘째 세계선교™와 문서선교단행본·잡지 사역, 셋째 예수문화 및 경배와 찬양 사역, 그리고 가정·상담 사역 등을 감
당하고 있습니다. 1980년 12월 22일에 창립된 두란노서원은 주님 오실 때까지 이 사역들을 계속할 것입니다.

의심을 딛고
믿음으로

불확실한 상황에서
하나님을 신뢰하는 법

I Have My Doubts

필립 라이큰 지음

정성묵 옮김

기독교인들은 믿음에 관해서는 많이 이야기하지만 의심은 별로 꺼내 놓지 않으려 한다. 이 책은 성경이 '믿음과 의심' 두 가지를 다 이야기하고 있음을 상기시킨다. 따뜻하고 정직한 목회자이자 지혜롭고 깊이 있는 신학자인 필립 라이큰은 이 세상의 악한 도전을 외면하지 않으며 독자를 하나님의 진리 가운데 있는 새 소망으로 인도한다. 이 책을 읽고 용기를 얻기 바란다.

_ 마이클 J. 크루거, 리폼드신학교 총장, 신약학 교수

그리스도인이라도 의심을 품는 일이 흔하지만 의심은 교회 안에서 비난을 받곤 한다. 그리하여 많은 그리스도인이 의심하는 자신을 부끄러워하고 남몰래 고민한다. 필립 라이큰은 얼마나 많은 성경의 인물이 의심과 씨름했는지 이 지혜로운 책을 통해 알려 준다. 어떻게 의심을 극복하고 더 견고하고 인내하는 믿음에 다다를 수 있을지 유용한 조언도 들려준다. 이 책은 의심으로 힘겨워하는 모든 사람의 영혼에 위로가 되고 그들의 길에 빛을 비춰 줄 것이다.

_ 개빈 오틀런드, 《겸손, 나를 내려놓는 기쁨》 저자

정직한 의심이 패배가 아니라 기회라는 것을 깨닫는 것이 신앙생활에서 중요하다. 의심은 하나님과 그분의 말씀에서 답을 찾게 하고, 그 결과 우리의 믿음을 강화한다. 이 매력적인 책은 성경의 인물들처럼 독자들도 의심을 외면하지 말고 오히려 의심을 통해 성장하라고 격려한다.

_ 에드 스테처, 탈봇신학교 학장

필립 라이큰은 의심을 품는 것이 신앙과 반대되지 않으며, 오히려 신앙생활에 유익할 수 있음을 사려 깊게 상기시킨다. 그는 성경 속 다양한 이야기를 바탕으로 여러 시대에 걸쳐 그리스도인의 신앙 여정에 존재했던 의심을 성찰한다. "의심을 의심하라"라고 격려하는 이 책은 그리스도를 따르는 풍성한 삶은 모든 회의론을 피할 때가 아니라 의심의 한가운데서 그리스도에게 집중할 때 실현된다는 사실을 일깨워 준다.

_ 케빈 브라운, 애즈버리대학 총장

의심은 어디에나 있다. 사람들은 정치, 미디어, 과학뿐 아니라 당연히 기독교 신앙도 의심한다. 저자는 의심에 관한 열 가지 성경 이야기를 통해 오늘날의 영적 의심을 최소화하고 기독교를 확신할 수 있는 길을 제시한다. 그는 우리가 도저히 하나님을 붙잡을 수 없다고 느낄 때에도 우리를 붙잡아 주시는 하나님을 기억하게 함으로써 이 일을 해낸다.

_존 딕슨, 휘튼대학 성서학 및 공공 기독교학 석좌교수

고통이나 지적인 의심, 도덕적 혼란을 겪을 때가 있는가? 하나님이 계시지 않거나 세상에 관심이 없으신 듯 느껴질 때가 있는가? 필립 라이큰은 하나님을 의심하고 심지어 신앙을 포기할까 고민하는 신자들을 위해 이 책을 썼다. 목회학 교수이자 영적 멘토인 그는 현명하고 정직하며 현실적이고 힘을 북돋아 준다. 저자는 우리처럼 의심에 직면했다가 그 의심을 통해 하나님의 사랑의 임재를 재확인하고 각성한 성경 인물들을 연구하고 거기서 배운다. 그는 매우 성경적이다.

_ 릭 리처드슨, 휘튼대학 전도학 교수, 《스타벅스 세대를 위한 전도》 저자

우리는 하나님의 공의, 하나님의 기적, 하나님의 계획에 깊은 의심을 품을 때가 있다. 이 책은 그 어둡고 외로운 시기에 우리에게 필요한 빛이다. 이 책은 성경적이고 통찰력으로 가득하며, 우리의 영혼을 먹이고 성장시키며 온기를 더한다.

_ 샘 챈, 시티 바이블 포럼, EvQ 전도학교 수석 트레이너 겸 멘토

그리스도인은 의심을 가져서는 안 된다고 생각하기 때문에 의심이 생기는 순간 당황하게 된다. 필립 라이큰은 의심을 통해 믿음이 성장한 성경 인물 열 명의 이야기를 들려준다. 이 책은 의심하며 갈등할 때 우리는 혼자가 아니며, 우리의 의심이 하나님을 폄하하지 않고, 우리가 끝까지 지켜야 할 것은 예수님을 따르는 그다음 단계로 나아갈 믿음뿐임을 상기시킨다.

_ 후안 R. 산체스, 텍사스주 하이포인트침례교회 담임목사

I Have **My Doubts**

● 애너 준 라이큰에게,

예수님과 동행하면서 너를 괴롭히는 의심을

더 큰 믿음으로 이길 수 있기를 기도하며

Contents

◇

1. 하나님의 말씀이 의심될 때
"성경을 다 그대로 믿는 건 불가능해."

◇

2. 하나님의 약속이 의심될 때
"상황은 더 나빠지고 시간만 가고 있어."

이렇게
하나님을 의심해도
괜찮을까

지금 내 주위에는 당신뿐이다. 나는 당신 쪽으로 몸을 기울이면서 이렇게 말하려 한다. "잠시 내 말 좀 들어 주시겠습니까? 내 고백을 들어 줄 사람이 필요합니다."

그러면 당신도 내 쪽으로 몸을 기울이면서 이렇게 말할지 모른다. "얼마든지 들어 드리겠습니다. 뭐든 말씀해 보세요."

그러면 나는 낮은 목소리로 비밀을 털어놓는다. "사실 저는 가끔 의심에 시달린답니다."

방금 나는 해서는 안 되는 말을 했다. 당신이 궁금하다는 표정을 지으면 나는 더 분명하게 말할 것이다. "하나님이나 성경에 의심을 품을 때가 있다는 말이에요."

그러면 당신은 어떻게 할 것인가? 뭐라고 말할 것인가? 아마 다시 등받이에 기대며 이렇게 말하지 않을까? "사실 나도 그래요. 나도 의심이 생길 때가 있답니다."

평생 예수님의 제자로 살아온 내 생각과 마음은 믿음으로 충만한 날이 많다. 나는 나의 창조주이신 하나님이 계신다고 믿는다. 나는 성령의 사랑 가득한 임재를 경험한다. 성경이 하나님의 살아 있는 말씀이라고 확신한다. 예수님이 내 죄를 위해 돌아가셨고 부활하셨다고 믿는다. 내가 용서받았다고 절대적으로 확신한다. 내 마음의 소원은 하나님께 마땅한 영광을 올려 드리는 것이다. 나는 유일하게 참되고 살아 계신 하나님이 공평하고 공정하시다고 믿는다. 하나님의 약속은 확실하다. 하나님은 내 인생을 위해 선한 계획을 세우셨다. 하나님은 나를 안전하게 지켜 주실 것이다. 하나님은 나를 사랑하신다! 언젠가, 곧, 하나님은 나의 상심을 치유하시고 나는 그분의 아름다운 집에서 영원히 살 것이다. 나는 이것을 믿고, 당신도 믿기를 바란다.

그렇다고 해서 내 안에 아무런 의심도 없다는 뜻은 아니다. 누구나 의심을 품을 때가 있다. 때로 나는 하나님이 정말로 계신가 생각한다. 하나님의 임재가 느껴지지 않을 때가 있다. 성경의 특정 부분들이 과연 사실인가 의심할 때가 있다. 나 같은 사람이 용서를 받았다는 사실이 믿기지 않을 때가 있다. 하나님이 약속을 지키실 것이라 온전히 확신하지 못할 때가 있다. 하나님이 정말로 선하신가? 그분이 정말로 나를 사랑하시는가? 정말로 나를 치유하고 보호해 주실까? 무엇보다도, 천국이 정말로 존재할까?

때로는 답보다 질문이 더 빨리 찾아온다. 그리고 그럴 때면 이런 의심을 안고 어떻게 살아가야 할지 답답해진다. 때로 회의적으로 변하는 신자도 하나님과 동행할 수 있을까? 유명한 저널리스트 에릭 세버리드가 1977년 자신의 마지막 CBS 저녁 뉴스 논평에서 말한 조언을 하나님이 기뻐하시는 방식으로 따를 길이 있을까? 그 유명한 논평에서 세버리드는 "확신과 함께 의심할 수 있는 용기를 잃지 마라"라고 조언했다.[1]

이 책은 이런 질문에 답하기 위해 의심에 관한 열 가지 이야기를 전한다. 이 이야기들은 놀라운 믿음에 관한 이야기이기도 하다. 이 남녀들은 여러 의심을 품었지만 하나님을 포기하지 않았고, 하나님도 그들을 포기하지 않으셨다. 이런 이야기의 교훈을 듣고 거기서 배우고 그 교훈대로 살면 믿음이 강해질 수 있다. 이들의 경험은 우리 대다수가 인생에서 경험하는 하나님에 관한 다양한 의심을 헤쳐 나갈 때 가이드가 될 수 있다. 이런 의심은 우리를 낙심으로 몰아가고 우리의 영적 성장을 저해할 수 있다. 의심과 믿음을 동시에 품었던 이 성경 인물들의 경험을 살펴보면 유다서 22절의 명령에 따라 다른 회의주의자들의 영혼을 돌보는 데도 도움이 된다. 유다서 22절은 이렇게 명령한다. "어떤 의심하는 자들을 긍휼히 여기라." 이런 긍휼을 서로 베풀고 우리의 믿음을 용감하면서도 겸손하게 붙드는 법을 배우면 믿음이 자라고 기쁨이 돌아올 것이다.

이 책을 쓰면서 우선 나 자신의 믿음이 강해졌다. 편집 과정에서 토머스 보엠, 데이비드 다우닝, 재러드 폴케인저, 베키 헨더슨, 조나단 로키와 협력한 것은 큰 기쁨이었다. 이들은 지혜로운 통찰을 나눠 주었고 원고를 세심하게 교정해 주었다. 크로스웨이 출판사의 여러 협력자들도 이 책의 출간에 도움을 주었다. 하지만 나를 변함없이 지지해 준 리사 맥스웰 라이큰과 휘튼대학 학생들에게 가장 큰 빚을 졌다. 휘튼대학 학생들의 끊임없는 격려 덕분에 내가 할 수 있는 최상의 생각과 저술과 설교가 가능했다.

하나님의
말씀이
의심될 때

"성경을 다 그대로 믿는 건 불가능해."

그런데 뱀은 여호와 하나님이 지으신 들짐승 중에 가장 간교하니라
뱀이 여자에게 물어 이르되 하나님이 참으로 너희에게
동산 모든 나무의 열매를 먹지 말라 하시더냐

창세기 3:1

성경의 내용은 정말 사실일까? 하나님은 믿을 만한 분인가? 과연 그분의 말씀을 있는 그대로 받아들여도 될까? 때로 우리는 이런 의심에 시달린다.

존 업다이크의 소설 《백합화의 아름다움 속에》*(In the Beauty of the Lilies)*는 비판적이고 회의적인 학문에 빠져 믿음을 버린 장로교 목사의 여정을 그린다. 클래런스 아서 윌모트 목사는 기

독교 신앙의 핵심 교리에 조금씩 의심을 품기 시작한다. 그러던 어느 날 클래런스는 "스트레이트 스트리트와 브로드웨이가 만나는 모퉁이에 위치한 제4장로교회 목사관에" 앉아 있었다.

> (그는) 믿음의 마지막 조각들마저 떨어져 나가는 것을 느꼈다. 깊은 곳에서 '포기'라는 단어가 분명히 떠올랐다. 시커먼 거품들이 공중으로 흩어지는 느낌이 분명히 들었다. … 그는 오랫동안 부인해 왔던 한 가지 생각에 급속도로 빠져들었다. 바로, 신은 없다는 생각. 신이 있을 리가 없다는 생각.
>
> 클래런스의 정신은 다리가 여럿이고 날개는 없는 벌레와도 같았다. 미끄러운 세라믹 세면대를 오랫동안 끈덕지게 기어오른 벌레는 갑작스레 만난 물줄기에 휩쓸려 배수구로 사라졌다. **신은 없다.**[1]

영적으로 고뇌하던 클래런스가 결국 신앙을 포기한 직접적 원인은 하나님 말씀에 관한 의심이었다. 어쩌면 우리의 모든 의심도 이와 같을지 모른다. 우리의 의심을 근원까지 거슬러 올라가 보면 결국 성경에 관한 회의적인 시각이 있다.

성경이 믿을 만하다면 우리에게는 확실한 근거가 있는 셈이다. 성경 덕분에 우리는 누가 우리를 지으셨는지 안다. 바로 하나님이 태초에 천지를 창조하시고 아담과 하와에게 처음으로 생명을 불어넣으셨다. 우리는 세상에 악을 들여왔지만 하나님께서 모든 것을 합력하게 하셔서 선을 이루실 줄 안다. 우리 인생에 목적이 있는 것도 안다. 그 목적은 하나님을 영화롭게 하고 그분의 복음을 세상에 전하는 것이다. 우리는 하나님이 우리를 인도하고 보호하셔서 영광을 얻게 하실 줄 안다. 우리는 성경이 이렇게 말씀한다는 단순한 이유로 이 모든 것을 안다.

구약과 신약이 없다면 우리는 기껏해야 추측할 수밖에 없다. 네덜란드 신학자 헤르만 바빙크는 《믿음의 확실성》에서 다음과 같이 말했다.

> 본질적으로 기독교 신앙의 모든 진리들은 우리 밖에서 온다. 우리는 오직 계시를 통해 그 진리들을 알 수 있고, 오직 어린 아이처럼 믿음으로 받아들여야만 그것들을 소유할 수 있다. … 이것은 개인 연구를 통해 얻는 지식이나 관찰과 실험으로 얻는 논리와 증거가 아니다. 이것은 믿을 만한 증인을 통해 얻는 지식이다. [2]

하지만 성경이 믿을 만하지 않다면? 성경이 '거짓' 증언이라면? 예수님이 성경에 기록된 말씀 중 일부 혹은 전부를 실제로 하신 적이 없다면? 그렇다면 우리는 무엇을 의지해야 하는가?

하나님이 정말로 그렇게 말씀하셨는가

이것은 사탄이 에덴동산에 홀로 있던 하와를 몰래 찾아가 그녀의 마음속에 불어넣은 것과 본질적으로 동일한 의심이다. 교활한 사탄은 악한 의도를 갖고 여자에게 말했다. "하나님이 **참으로** 너희에게 동산 모든 나무의 열매를 먹지 말라 하시더냐"(창 3:1).

사탄이 하와에게 한 말을 자세히 뜯어볼 필요가 있다. '솔직한 의심'도 물론 존재한다. 그러나 역사상 최초의 신학적 질문은 고의적인 기만이었다는 것을 알아야 한다. 하나님은 "동산 모든 나무의 열매를 먹지 말라"라고 말씀하시지 않았다. 사탄은 당연히 정확히 알았겠지만 하나님이 실제로 하신 말씀은 이것이었다. "동산 각종 나무의 열매는 네가 **임의로** 먹되 선악을 알게 하는 나무의 열매는 먹지 말라 네가 먹는 날에는 반드시 죽으리라"(창 2:16-17). 사탄은 대부분 허용한다는 말씀을 모든 것을 금지한다는 말씀으로 교묘하게 바꾸었다. 성경의 어떤 내용에 의문이 생길 때는 해당 구절을 꼼꼼히 읽고 그 구절에서 실제로 하는 말을 정확히 파악하는 것이 중요하다.

하와의 대답에서 첫 번째 부분은 그녀가 창조주의 말씀을 유심히 들었다는 점을 보여 준다. "동산 나무의 열매를 우리가 먹을 **수 있으나**"(창 3:2). 하지만 이어지는 대답에서는 하나님이 하신 말씀에 다른 내용을 제멋대로 더하고 있다. 하와는 이렇게 말한다. "동산 중앙에 있는 나무의 열매는 하나님의 말씀에 너희는 먹지도 말고(여기까지는 좋다) 만지지도 말라 너희가 죽을까 하노라 하셨느니라"(창 3:3). 여기서 하와는 너무 나갔다. 하나님은 아담과 하와가 이 특정한 열매를 '먹는' 것만 금하셨을 뿐 '만지는' 것까지 금하시지는 않았다. 이렇게 하나님의 말씀에 뭔가를 더하면 영적 위험에 빠진다. 신학적 오류에서 자유롭고 싶다면 하나님의 말씀에 뭔가를 더하지도, 그 말씀에서 뭔가를 빼지도 않도록 조심해야 한다. 성경의 자구를 그대로 고수해야 한다.

첫 번째 공격이 실패로 끝나자 사탄은 좀 더 노골적인 술책을 시도한다. 이번에는 교묘하게 왜곡하는 대신 대놓고 반박한다. "너희가 결코 죽지 아니하리라 너희가 그것을 먹는 날에는 너희 눈이 밝아져 하나님과 같이 되어 선악을 알 줄 하나님이 아심이니라"(창 3:4-5). 거짓의 아비는 이런 불경한 말로 하나님을 거짓말쟁이라 비난하고 그분을 인색한 분으로 몰아갔다. 사탄에 따르면 하나님이 이 열매를 금하신 까닭은 하와를 죽지 않게 보호하기 위해서가 아니라 그녀가 알 권리가 있는 뭔가를 알지 못하도록 막기 위해서였다.

사탄의 이런 비난은 하와가 하나님의 절대적 권위에서 벗어날 수 있다는 점을 전제하고 있다. 사탄은 하와가 독립적인 관점에서 하나님의 인격을 비판하고 그분의 지시를 평가할 수 있다는 듯 말했다. 하지만 하나님이 진정 하나님이시라면 그분보다 더 높은 잣대는 없다. 우리의 잣대로 전능자를 평가할 권리가 있다는 주장은 전혀 근거가 없다.

안타깝게도 하와는 사탄의 거짓말을 믿었다. 그녀는 하나님의 믿을 만한 말씀을 의심했다. 그리하여 결국 이렇게 되어 버렸다. "그 나무를 본즉 먹음직도 하고 보암직도 하고 지혜롭게 할 만큼 탐스럽기도 한 나무인지라 여자가 그 열매를 따 먹고"(창 3:6). 하와는 평생 이 순간을 후회하며 살았다. 타락한 세상에서 사는 우리 모두는 그렇게 살아간다. 안타깝게도 그릇된 회의주의 이야기는 수없이 반복되어 왔다. 하나님이 뭐라고 말씀하셨는지 아는 사람들이 의문을 제기하기 시작한다. 그들은 그것을 "솔직한 의문"이라고 부른다. 하지만 오래지 않아 그들은 특히 성경의 윤리를 노골적으로 부인하기 시작한다. "하나님이 실제로 그렇게 말씀하셨는가?"와 "내가 꼭 그렇게 해야 하는가?"로 시작된 토론이 결국 "아니야, 그렇게 말씀하시지 않았어"와 "아니, 그럴 필요는 없어"로 끝난다.

오늘날 미국에서는 성경에 대한 확신이 줄어들고 있다. 2022년 발표된 〈신학 상황〉의 조사에 따르면 많은 미국인들(41-53%)과 적지 않은 복음주의자들(17-26%)이 "성경은 다른 모든 경전처럼 고대 신화에 관한 유용한 설명을 포함하고 있지만 문자 그대로 사실은 아니다"라고 믿고 있다. [3] 예를 들어 "동성 성행위에 대한 성경의 정죄"가 오늘날에도 적용되느냐는 질문에 "그렇다"라고 말하는 미국인과 복음주의자가 줄었다. 오늘날 지배적인 문화 논리에 따르면, 하나님이 하신 말씀을 사실로 믿지 않는다면 그 말씀대로 할 필요가 없다.

창세기 3장의 대화를 유심히 살펴보면 배울 점이 많다. 어리석은 하와와 교활한 뱀 이야기에서, 우리는 의심이 일어날 때 우리가 하나님의 말씀(그분 자신의 존재에 관한 진리를 포함해서)을 불신하기를 가장 간절히 바라는 자는 바로 사탄임을 배울 수 있다. 그리고 하나님에 관한 생각을 바꿀 마음이 전혀 없는 경우가 그러하듯 부정직한 의심은 불순종하려는 의도에서 비롯된다는 사실을 배울 수 있다. 또한 불순종하려는 의도에서 비롯한 의심은 파멸로 이어진다는 사실을 배울 수 있다. 금단의 열매를 먹은 행위는 하나님이 말씀하셨듯 실제 죽음으로 이어졌다.

성경에서 믿기 어려운 내용을 마주할 때

자신을 솔직히 돌아보면, 우리도 하와처럼 유혹에 빠질 때가 있다고 인정할 수밖에 없다. 때로 우리는 성경 속의 이야기, 성경의 도덕적 기준과 약속에 의심을 품는다.

우리는 성경이 얼마나 인간적인지를 안다. 그래서 성경이 완벽히 신적이기도 하다는 사실에 고개를 갸웃거린다. 우리는 아담과 하와가 인류 전체의 조상인지 의문을 품는다. 성경의 가르침이 과학적 증거와 일치할 수 있을까? 우리 문화는 성경의 성 윤리를 받아들이지 못하는데 우리도 그럴 때가 있다. 우리는 성(性)은 두 개만 존재하고 따라서 남녀가 평생의 언약 안에서 연합하는 것만이 결혼의 유일한 정의라는 사실에 의문을 품곤 한다. 자궁을 중심으로 이루어지는 생명의 신성함에 관한 성경의 가르침은 옳은가? 그 가르침은 여성을 위한 것인가? 아니면 여성을 억압하는 것인가? 인종 정의(racial justice)를 포함해서 정의에 관한 성경의 관점은 옳은가? 성경은 인류의 근본적인 연합과 영원한 다양성에 관해서 참된 시각을 제시하고 있는가? 정말 우리 몸이 부활하여 하나님의 보좌 앞에서 심판을 받게 되는가?

이런 의문과 반대 속에서 많은 회의주의자들은 성경이 "과학적으로 불가능하고, 역사적으로 믿을 수 없으며, 문화적으로 퇴보적"이라고 믿는다.[4] 때로 우리는 이런 의문에 공감할 수 있다. 성경을 주의 깊게 읽다 보면 결국 받아들이기 힘들고 믿기 어려운 내용을 마주하게 된다. 문제는 그럴 때 우리가 어떻게 해야 하는가다.

그 답으로, 하나님 말씀에 대한 믿음을 키워 주는 몇 가지 실천 단계를 소개한다.

첫째, 우리가 중립적 관찰자가 아니라 하나님 말씀을 믿지 않는 성향을 지닌 존재라는 사실을 고백해야 한다. 이것은 인류가 치명적인 죄를 처음 지었을 때 일어난 안타까운 결과 중 하나다. 아담과 하와는 금단의 열매를 먹자마자 하나님을 피해서 숨었다. 이는 그들이 더 이상 하나님처럼 거룩한 존재가 아니라는 분명한 증거였다. 하나님은 아담을 이렇게 부르셨다. "네가 어디 있느냐"(창 3:9). 이 부르심은 첫 사람이 하나님에게서 멀어졌다는 사실을 보여 준다. 아담의 죄는 우리 모두의 지적 능력, 추론 능력을 왜곡하는 결과를 낳았다. 그래서 타락한 인간의 마음에는 진정한 믿음보다 영적 의심이 자라는 것이 더 자연스럽다. 선교학자 레슬리 뉴비긴은 이렇게 말했다. "우리는 진리를 찾는 정직한 질문자들이 아니다. 우리는 진리에서 동떨어져 있으며 진리의 적이다."[5] 이것이 사실이라면 우리의 의심을 의심하고 우리의 회의주의를 회의적으로 바라보아야 한다.

둘째, 성경을 계속해서 연구해야 한다. 그러면 성경이 얼마나 확실한지 알 수 있다. 성경은 고대 문서 중 가장 확실히 증명된 문서다. 구약과 신약의 경우, 고대의 그 어떤 역사책이나 경전보다도 훨씬 많은 사본이 잘 보존되어 있다. 그래서 우리는 성경이 무엇을 말하는지 정확히 안다.

더구나 성경 연구는 대체로 성경의 역사를 부인하기보다는 확인시켜 주는 결과를 낳고 있다. 한 가지 유명한 사례를 들어 보겠다. 성경의 모든 증거는 반대 방향을 가리키는데도 일부 학자들은 다윗이 실존 인물이 맞는지 의문을 제기했다. 1993년 텔 단(Tel Dan)에서 비석이 발견되었는데 그 비석의 비문들 중에 "다윗의 집안"이라는 표현이 나타나면서 이 논란은 완전히 종결되었다. 다윗의 통치는 성경에 기록되었을 뿐 아니라 비석에도 새겨진 사실이다. 혹은 예수님이 "구레뇨가 수리아 총독이 되었을 때에"(눅 2:2) 탄생하셨다는 사실을 살펴보자. 일부 학자들은 누가의 연표가 정확하지 않다고 주장했다. 하지만 더 많은 정보가 확보되자, 구레뇨의 통치와 로마 세계의 인구 조사에 관해서 의사 누가가 이 학자들보다 더 정확히 알고 있었다는 사실이 증명되었다.[6]

의심이 생길 때는 성경을 '더 적게'가 아니라 '더 많이' 연구해야 한다. 성경을 한쪽에 치워 두지 말고, 펴서 읽어야 한다. 성경 해석의 전반적인 흐름을 보면 계속해서 답을 찾을 만한 가치가 있다. 우리도 진리를 더 분명하게 이해할 수 있다는 희망이 보인다. 지혜로운 사람은 하나님 말씀을 계속해서 연구하며 신비를 받아들이고, 이해하기 어려운 문제와 씨름하며 질문들과 함께 살아간다.

셋째, 성경에 진실의 증거들이 담겨 있다는 점을 깨달을 수 있다. 의심이 생기면 문제처럼 보이는 것들에만 초점을 맞추게 되고 진실의 분명한 증거들을 놓치기 쉽다.

사실이 아니었다면 성경에 포함될 수 없는 내용들이 많다. 예를 들어 수많은 믿음의 영웅들, 아니 거의 모든 영웅이 성경의 기록을 통해 수많은 흠을 드러내고 있다. 베드로가 자신의 무지와 비겁함, 배신을 정확히 기록하라고 요구하지 않았다면, 그처럼 중요한 지도자의 치부가 교회의 경전에 적나라하게 드러난다는 것은 상상할 수 없다.[7] 이처럼 찾아보기 어려운 솔직함에 대한 가장 그럴듯한 설명은 하나님께 받은 긍휼과 은혜에 관한 진실을 알리고자 성경 기자들이 자신에 관한 진실을 가감 없이 기록했다는 것이다.

나사렛 예수 이야기도 마찬가지다. 물론 성경에 예수님의 죄가 나오지는 않는다. 예수님은 죄를 지으신 적이 없기 때문이다. 하지만 예수님의 전기에는 받아들이기 힘든 사실이 꽤 포함되어 있다. 왜 성경은 겟세마네 동산에서 예수님이 영적으로 고뇌하셨음을 이야기하는가? 왜 예수님이 범죄자로 십자가에 못 박히신 사건을 밝히는가? 왜 예수님이 십자가에서 약한 말씀을 하셨다고 기록했는가? 사실이 아니었다면 그렇게 할 리가 없다. 성경의 일부 기록에 의심을 품더라도 그 안의 주된 역사적 주장들은 반박의 여지 없이 사실이라는 점만은 인정해야 한다.

C. S. 루이스는 그 어떤 고대 문헌에서도 볼 수 없는 현실주의와 세부적인 부분들에 대한 관심이 성경에 있음을 발견했다. 그로 인해 루이스는 성경 기자들이 진실을 말하고 있다고 확신하게 되었다. 그는 이렇게 썼다.

> 나는 평생 시와 소설, 환상을 기록한 글, 전설과 신화를 읽어왔다. 그래서 나는 그런 글을 잘 안다. 그런데 그중 어떤 글도 이와 같지 않다. 이 텍스트에 대해서는 오직 두 가지 관점만 가능하다. 이 텍스트는 보도이거나 … 그렇지 않으면 어떤 알려지지 않은 작가가 갑자기 나타나 현대 사실주의 소설 기법을 미리 사용하는 전무후무한 일이 벌어진 것이다.[8]

넷째, 우리는 성경이 말하는 것을 행할 수 있다. 물론 이것은 우리 모두의 평생의 과제다. 의심과 회의주의에 빠진 어떤 사람들은 먼저 성경이 참인지 판단하고 나서 그 가르침에 순종할지 고민하겠다고 한다. 하지만 예수님이 안드레와 베드로 등 제자들에게 가장 먼저 하신 말씀은 "나를 따라오라"였다(마 4:19). 행함과 믿음은 같이 나타난다. 예수님을 따르기 전까지는 예수님을 진정으로 믿는다고 말할 수 없다. 살아갈수록 성경은 더 참되게 다가온다. 그것은 모든 질문에 답을 얻었기 때문이 아니라 믿음으로 살면서 성경의 진리를 경험으로 확인했기 때문이다. 성경의 가르침대로 살면 성경의 소망과 아름다움을 배우게 된다.

다섯째, 성령께 도와 달라고 기도할 수 있다. 하나님의 말씀을 믿기 위해서는 그분의 도우심이 필요하다. 성경이 성경 자체에 관해 주장하는 중요한 내용은 성경이 성령 하나님의 "감동으로" 쓰였다는 것이다(딤후 3:16; 벧후 1:21 참조). 하나님의 영은 주관적인 감정이 아니다. 살아 계시고 초자연적이며 인격적 존재이시다. 그분은 우리의 정신과 마음속에서 성경의 진리를 확증하는 신적 능력을 지니고 계신다. 칼뱅은 유명한 《기독교 강요》에서 성령의 역사를 아름답게 기술했다.

> 성령의 증언은 모든 이성보다 탁월하다. 오직 하나님만이 자신의 말씀을 통해 자신의 적절한 증인이 되실 수 있는 것처럼, 먼저 성령이 내적 증언으로 말씀을 인 치시기 전까지는 사람이 마음속에서 그 말씀을 받아들일 수 없다. 따라서 선지자들의 입술을 통해 말씀하셨던 성령이 우리 마음속에 파고들어, 선지자들이 하나님께 명령받은 것을 충실하게 선포한 것이라는 확신을 심어 주어야 한다.[9]

여섯째, 성경에 의심이 생길 때 너무 빨리 포기하지 말아

야 한다. 이렇게 말하는 이유는 우리의 영원한 운명이 여기에
달려 있기 때문이다. 오직 성경만 "그리스도 예수 안에 있는
믿음으로 말미암아 구원에 이르는 지혜가 있게" 할 수 있다(딤
후 3:15). 하지만 더 중요한 이유는 따로 있다. 즉 하나님은 우
리의 믿음이 성장해서 온전한 확신에 이르기를 원하신다. 하
나님은 골로새 교회를 위해 사도 바울이 했던 기도를 지금 우
리에게도 이루어 주기를 원하신다. 즉 하나님은 우리가 "마음
에 위안을 받고 … 확실한 이해의 모든 풍성함과 하나님의 비
밀인 그리스도를 깨닫게"(골 2:2) 되기를 원하신다.

하나님의 은혜로 그분의 말씀을 온전히 확신하게 되면 성
경이 완벽히 믿을 수 있는 책이고 구원의 능력을 지녔음을 중
언할 수 있다. 티모시 조지는 말했다. "성경은 그 자체로 인해
완벽히 믿을 수 있다. 즉 성경의 역사는 역사적이고, 성경의
기적은 기적적이며, 성경의 신학은 하나님 자신의 진리다."[10]

성경도 우리를 읽는다

혹시 내가 증거라고 할 만한 것을 어떤 것도 제시하지 않
았다는 점을 눈치챘는가? 레슬리 뉴비긴에 따르면 "의심의 여
지가 없는 증거란 있을 수 없다." 그리고 "성경의 주장에 가능

한 반응은 믿음과 불신"[11] 이렇게 두 가지뿐이다. 이것은 무엇보다도 성경이 어떤 책인지와 관련이 있다. 성경은 진리에 관해 많은 주장을 하지만 논리적인 입장 모음집은 아니다. 성경은 하나님과의 관계에 관한 실제 이야기다. 하나님은 우리를 이 관계로 초대하고 계신다. 우리의 이야기는 여전히 쓰이고 있는 중이기 때문에 신실하신 저자께서 옳은 결말을 만들어 내시리라 믿어야 한다. 우리의 유일한 확실성은 바로 "**믿음**의 확실성"이다.[12]

우리가 성경에서 기대해야 하는 지식은 우리가 관계 속에서 경험하는 것과 같은 지식이다. 뉴비긴은 이렇게 썼다. "이런 종류의 앎에서는 상황에 대한 전적인 통제권이 우리에게 없다. 질문을 던질 수는 있지만 상대방이 던진 질문에 답하기도 해야 한다."[13] 주고받는 것이 있다. 또한 성장의 여지가 있다. 하고 싶은 질문이 무엇이든 하나님께 할 수 있지만 그분이 우리의 심문 대상인 것처럼 일정한 거리를 두고 관찰해서는 이런 지식을 얻을 수 없다. 우리는 그분께 질문이 있지만 그분도 우리에게 질문이 있다. 예를 들면 이런 질문이다. "내가 땅의 기초를 놓을 때에 네가 어디 있었느냐"(욥 38:4). "너희는 나를 누구라 하느냐"(마 16:15). "내가 누구를 보내며 누가 우리를 위하여 갈꼬"(사 6:8).

휘튼대학에 있는 한 조형물은 우리와 성경 사이의 역동적인 관계를 잘 보여 준다. 이 조형물은 청동으로 만든 거대한 책 형상이다. 펼쳐진 쪽들이 겹겹이 쌓여 있는 이 조형물은 높이가 1미터에 달한다. 예술가 리비우 모칸은 이 작품에 〈당신을 읽는 책〉이라는 도발적인 제목을 붙였다. 이 조형물의 요지는 우리가 성경을 읽지만 동시에 성경도 우리를 읽으며 우리의 욕구와 헌신을 분별한다는 점이다. 우리는 어떻게 반응할 것인가? 이것이 성경에 관해서 무엇보다도 중요한 질문이다. 우리는 이야기 밖이 아니라 안에 있다. 그리고 조만간 우리 모두는 선택을 내려야 한다. 성경의 하나님을 믿을 것인가? 믿지 않을 것인가?

빌리 그레이엄은 캘리포니아주에 있는 기독교 수련 센터인 포레스트 홈에서 결단을 내렸다. 당시 이 젊은 목사는 전도자의 소명에 의문을 품고, 사람들이 성경에 관해 그에게 묻는 어려운 질문들과 씨름하고 있었다. 그는 확실한 답을 얻고자 홀로 숲속으로 들어가 성경을 그루터기 위에 놓고 기도하기 시작했다.

하나님! 이 책에는 제가 이해할 수 없는 내용이 많습니다. 저로서는 해답을 찾을 수 없는 문제들이 많습니다. 모순처럼 보이는 내용이 많습니다. 현대 과학에 맞지 않아 보이는 부분들이 있습니다. 사람들이 던지는 철학적 질문, 심리학적 질문

중에는 제가 답할 수 없는 질문들이 있습니다.

이렇게 기도하던 이 탁월한 전도자는 갑자기 무릎을 꿇고 선언했다. "하나님, 하나님의 말씀을 믿음으로 받아들이겠습니다. 믿음으로 제 지적인 질문과 의심을 뛰어넘겠습니다. 이 책이 하나님이 영감으로 주신 말씀이라고 믿겠습니다."[14]

그날 밤 그레이엄의 설교에는 전에 없이 큰 권위가 있었다. 그로 인해 4백여 명이 예수 그리스도를 영접했다. 그리고 그는 불과 몇 주 후에 로스앤젤레스 십자군 집회를 시작해서 전국에 복음 전도의 불길을 일으켰다. 수년 뒤 그는 이렇게 간 증했다.

> 내 사역에 관해서 깨달은 것이 있다. 성경을 문자 그대로 받아들여서 그것을 하나님 말씀으로 선포할 때 설교에 능력이 있다는 것이다. 강단에 서서 "하나님이 이렇게 말씀하신다" 혹은 "성경이 이렇게 말한다"라고 할 때 성령이 나를 사용하신다. 역사가 나타난다. 당신이나 나보다 더 지혜로운 사람들은 수 세기 동안 이런 질문과 씨름해 왔다. 나는 신학적 논쟁의 모든 측면을 조사할 시간도, 지성도 없다. 그래서 단호하게 질문을 멈추고 성경을 하나님 말씀으로 받아들이기로 결심했다.[15]

안타깝게도 빌리 그레이엄 옆에는 정반대 결정을 내린 동료 전도자가 있었다. 그 전도자의 이름은 찰스 템플턴이다. 두 설교자는 1946년에 유럽을 순회하며 복음을 전했다. 하지만 템플턴은 의심을 품기 시작했고 1957년 공식적으로 기독교를 버렸다. 그는 이렇게 말했다. "빌리, 더 이상 그냥 믿는 게 불가능해." 그는 불가지론자가 되었다가 이후 유명한 무신론자가 되었다. 삶의 끝자락에서 그는 자신의 종교적 견해에 관해 묻는 기자에게 애석한 표정으로 말했다. "내가 아는 좋은 것들, 내가 아는 훌륭한 것들, 내가 아는 순수한 것들은 다 예수에게서 배웠습니다." 그는 이렇게 말하고 눈물을 흘렸지만 "이 이야기는 이 정도만 합시다"라며 영적인 문제에 관한 더 이상의 대화를 거부했다.[16]

첫 번째 신자, 하와

모든 사람은 선택 이후 비극이든 승리든 그 결과를 안고 살아가야 한다. 우리의 어머니 하와는 낙원을 잃고 나서 힘겨운 세월 속에서 선택을 내렸다. 하와가 죄를 지은 것은 더없이 안타까운 일이지만 이후에 "모든 산 자의 어머니"로 믿음의 삶을 산 것은 존중해야 마땅하다(창 3:20).

하와는 아담 옆에 서서 첫 번째 복음의 약속을 들었다. 그것은 뱀의 머리를 짓밟을 아들이 태어나리라는 소식이었다(창 3:15). 하와는 그 약속을 믿었다. 그것은 하나님이 하신 말씀이었기 때문이다. 또한 하와는 구원의 첫 징표를 받아들였다. 그 징표는 그녀의 수치를 가려 주는 짐승 가죽이었다(창 3:21). 그녀는 복음을 믿었던 것이 분명하다. 첫아들이 태어났을 때 "내가 여호와로 말미암아 득남하였다"라고 선포한 것을 봐서 알 수 있다(창 4:1). 마르틴 루터는 다른 번역을 선호했다. "내가 신인(God-man)을 낳았다."[17] 결과적으로 볼 때 그 아이는 성육신한 하나님의 아들이 아니었다. 그 아이 역시 죄인이었다. 어쨌든 하와는 구세주가 오리라는 하나님의 약속을 믿었고 훗날 구세주는 실제로 오셨다. 우리의 첫 어머니를 한낱 죄인이요 의심하는 사람으로만 여기면 안 된다. 오히려 그녀가 첫 신자였다는 사실을 기억해야 한다.

하나님의 말씀을 그대로 받아들이고 죄를 이기는 예수님의 죽음과 생명을 주는 부활을 통한 구원의 약속을 믿는다면 곧 하와가 보여 준 믿음의 삶을 본받는 것이다. "하나님이 정말로 그렇게 말씀하셨는가?"라는 질문으로 누구든 우리를 유혹한다면 최대한 정중한 태도로 구체적인 성경 말씀을 보여 주며 "네, 하나님은 분명 그렇게 말씀하셨습니다"라고 말해 주어야 한다.

2.

하나님의
약속이
의심될 때

"상황은 더 나빠지고 시간만 가고 있어."

여호와께서 아브라함에게 이르시되 사라가 왜 웃으며 이르기를
내가 늙었거늘 어떻게 아들을 낳으리요 하느냐
여호와께 능하지 못한 일이 있겠느냐
기한이 이를 때에 내가 네게로 돌아오리니
사라에게 아들이 있으리라

창세기 18:13-14

우리 아이들이 어렸을 때 이런저런 것을 사 달라고 나를 조르곤 했다. 내 기본적인 대답은 "생각해 보자"였다. 부정도 긍정도 아닌 답변이다. 이렇게 대답한 목적은 아버지의 말을 믿어도 된다는 점을 아이들에게 가르치려는 것이었다. 긍정적 약속을 할 만큼 확실하지 않으면, 아이들이 약간 실망하더라도 애매하게 대답하는 편이 낫다. 그러면 "그래, 사 줄게" 혹

은 "꼭 사 주마. 약속할게"라고 대답할 때는 아이들이 내 약속을 확실히 믿을 수 있다. 약속을 하면 반드시 지켜야 한다.

이 원칙은 필라델피아 전쟁 박물관에 걸린 '폐관' 표시를 보고 크게 실망한 날에 세운 것이다. 나는 딸아이에게 조지 G. 미드가 게티즈버그 전투에서 탔던 유명한 말의 두상을 박물관에 데려가서 보여 주겠다고 약속했었다. 이 약속은 안전해 보였다. 우리는 매주 필라델피아 센터 시티 안에 있는 그 박물관을 보면서 교회를 다녔기 때문이다. 그런데 어떤 이유로 박물관이 갑자기 문을 닫은 것이다. 박물관이 완전히 폐관했다는 사실을 알았을 때, 나는 절대 하지 않겠다고 다짐했던 일을 하게 되었음을 알았다. 즉 아이에게 지킬 수 없는 약속을 하고 만 것이다. 결국 딸에게 다른 데이트를 약속하고 나서 용서를 받았다. 하지만 지금도 그 일을 생각하면 기분이 좋지 않다. 아빠라면 무조건 약속을 지켜야 한다.

이 원칙은 우리 신앙의 핵심이다. 우리 하늘 아버지께서는 약속을 하시고 감사하게도 그 약속을 반드시 지키신다. 우리가 이 사실을 의심하기 시작하면 구원의 확신과 그리스도인다운 용기를 가지고 살아갈 힘을 잃는다. 안타깝게도 우리는 가끔 이런 의심에 빠진다.

하나님의 약속이 의심될 때

상수리나무 아래의 사라 이야기는 바로 하나님의 약속을 의심하는 이야기다. 몹시 뜨겁던 어느 날, 사라의 남편 아브라함은 상수리나무 아래에 자리한 장막 문 앞에 앉아 있었다. 갑자기 나타난 세 남자를 보고 놀란 아브라함은 엎드려 그들을 맞이한 뒤에 고대 관습에 따라 진수성찬으로 환대했다. 발을 씻은 손님이 큰 나무 아래서 더위를 식힐 동안 사라는 빵을 구웠다. 아브라함은 살찐 송아지를 잡아 요리를 해서 우유, 치즈와 함께 손님들을 대접했다.

아브라함에 대해 알아야 할 가장 중요한 사실은 하나님이 그에게 매우 귀한 약속을 주셨다는 것이다. 하나님은 아브라함이 "여러 민족의 아버지"(창 17:5)가 될 것이며 "땅의 모든 족속이 너로 말미암아 복을 얻을 것이라"(창 12:3)라고 말씀하셨다.

하나님은 이 후한 약속을 하신 뒤에 약속을 이루기까지 시간을 끄셨다. 사실 하나님은 창세기 18장에 이를 때까지도 약속을 이행하시지 않았다. 많은 세월이 흘렀다. 아브라함은 70세를 넘기고 80세를 넘겨 어느덧 99세가 되었다. 그의 아내 사라도 나이가 들었다. 그녀도 어느덧 89세 생일을 맞았다. 그런데도 이 노부부는 자식이 없었다. 인간적으로 보면 하나님이 주신 가장 중요한 약속이 이루어지는 모습을 보지 못하고 생을 마감할 것이 분명했다.

이것이 아브라함의 장막 밖에서 이루어진 대화의 배경이다(창 18장). 방문객들은 천사였고 그들은 대화 중에 아브라함에게 하나님의 메시지를 전했다. 먼저 그들은 "네 아내 사라가 어디 있느냐"라고 물었다(9절). 아브라함은 아내가 장막 안에 있다고 했고, 하나님의 대변자들은 한 가지 약속을 전했다. "내년 이맘때 내가 반드시 네게로 돌아오리니 네 아내 사라에게 아들이 있으리라"(10절).

이는 구원 역사에서 실로 중요한 순간이었다. 사라는 "장막 문에서"(10절) 이 말을 들었다. 그녀는 너무 늙어서 성경에 따르면 "여성의 생리가 끊어"진 상태였다(11절). 간단히 말해 폐경기를 맞았기 때문에 이제 아이를 낳을 가능성이 '절대' 없었다. 그래서 낯선 자들이 와서 자신이 아이를 낳고 엄마가 될 것이라고 하자 "사라가 속으로 웃고 이르되 내가 노쇠하였고 내 주인도 늙었으니 내게 무슨 즐거움이 있으리요"(12절)라고 한 것이다.

오해하지는 말라. 사라는 이것이 하나님의 약속이라는 것을 알았다. 사자 중 한 명이 "여호와" 그분이셨다는 성경의 언급에서 이 점을 알 수 있다(10, 13절). 사라는 하나님이 자신의 남편을 열국의 아비로 삼겠다는 약속을 들었던 사람이다. 그녀는 하나님께 약속을 이루어 달라고 기도했다. 하지만 중보기도가 소용이 없자 그녀는 약속을 지키지 않는다며 하나님을 탓했다. 몇 장 앞에서 그녀는 이렇게 말했다. "여호와께서 내 출산을 허락하지 아니하셨으니"(창 16:2). 그러고 나서 아들을 얻는 다른 방법을 생각해 냈다. 자신의 종을 남편에게 첩으로 준 것이다(창 16:3). 그 결과는 행복과 거리가 멀었다.

이런 행동과 상호작용은 아들을 낳으리라는 약속이 사라의 삶에서 얼마나 중요했는지를 보여 준다. 지혜롭게 하나님의 약속을 끝까지 기다렸다면 얼마나 좋았을까. 엘리자베스 엘리엇에 따르면 하나님을 기다릴 때는 "불확실성을 견뎌 내고, 답변되지 않은 질문을 속에 품고서 그 질문이 떠오를 때마다 그 마음을 기꺼이 하나님께 드리는 의지"가 필요하다.[1] 이렇게 기도 가운데 하나님의 의도에 순복하는 모습이 사라에게는 부족했다.

지난 일을 생각하면 사라가 아기를 낳으리라는 말을 엿듣고 웃었던 이유가 이해된다. 그것은 기분 좋은 웃음이 아니었다. 웃음 속에 날이 서 있었다. "내게 무슨 즐거움이 있으리요"(창 18:12)라고 빈정거린 말은 하나님에게서 돌아서 굳어져 가는 마음의 의심을 보여 준다.

사라가 무엇을 의심했는지 꼼꼼히 들여다볼 필요가 있다. 그녀는 하나님의 선하심을 의심했다. 하나님 말씀의 진실함을 의심했다. 하나님이 자신의 상황에 깊은 관심을 갖고 계신다는 사실을 의심했다. 하나님이 자신의 기도에 응답하신다는 사실을 의심했다. 근본적으로는 하나님이 그분의 백성에게 약속해 주신 구원을 의심했다. 그녀의 영적 경험은 하나님에게서 들은 모든 것, 하나님이 그분의 백성에게 약속해 주신 모든 것을 회의적으로 바라보게 만들었다.

사라만 그런 것이 아니다. 우리도 거의 예외 없이 영적인 의심, 심지어 성경적인 기독교에 냉소를 품게 만드는 인생 경험을 한다. 좋고 경건해 보이는 무언가를 바라고 기도하지만 얻지 못한다. 나는 고생하고 있는데 하나님은 전혀 신경 쓰시지 않는 것만 같다. 그리스도께 삶을 드리면 이루어지리라 기대했던 일이 이루어지지 않는다. 고질적인 문제도 사라지지 않는다. 지금도 기도 응답을 기다리고 있다. 아무런 응답도 없는 분께 계속해서 요청하자니 너무도 낙심되는 일이다. 그래서 결국 우리는 포기한다. 세상이 싫어져서 다음과 같이 묻는 시편 기자의 심정이 된다.

> "주께서 영원히 버리실까, 다시는 은혜를 베풀지 아니하실까, 그의 인자하심은 영원히 끝났는가, 그의 약속하심도 영구히 폐하였는가,"(시 77:7-8)

어떤 의심은 사라의 의심만큼이나 심각하다. 구원의 핵심이 되는 약속들을 의심하는 것이다. 칼뱅은 우리가 의심하는 주된 이유를 이렇게 말한다. "모든 상황이 하나님의 약속과 정반대다. 하나님은 불멸을 약속하시지만 우리는 죽음과 부패에 둘러싸여 있다. 하나님은 우리를 의롭게 여긴다고 선포하시지만 우리는 죄에 뒤덮여 있다."[2] 이 목록은 얼마든지 늘어날 수 있다. 하나님은 함께하겠다고 약속하셨지만 우리는 외로움을 느낀다. 하나님은 거룩하게 하겠다고 약속하셨지만 우리는 너무도 많은 죄와 씨름하고 있다. 그래서 과연 우리가 순전해질 것인지 의심이 든다. 하나님은 부활을 주어 영생을 누리게 하겠다고 약속하셨지만 그것이 불가능하지는 않더라도 그런 일이 일어나지 않을 듯 보이는 날들이 있다. 정말 우리는 죽어도 다시 살게 될까?

때로는 믿음보다 의심이 더 쉽다. 하나님의 영원하고도 초자연적인 약속은 더욱 그렇다. 이 점은 2022년 "그분은 우리를 이해하신다"(He Gets Us)라는 전도 캠페인을 벌인 사람들에게서 비롯된 사회 연구로 확인되었다. 이 복음주의적 캠페인은 "예수님도 정치를 미워하셨다"와 "한 혁명가가 거리로 나왔다. 그는 자기와 함께할 사람들을 모았다" 같은 문구로 시작된다. 이 캠페인은 구세주의 인간성을 강조함으로 평범한 사람들에게 다가가고자 했다. 이것은 영적 대화를 시작하기에 좋은 방법이다. 대부분의 미국인들은 역사 속의 예수님을 받아들이기 때문이다. 안타까운 일은 예수님의 '신성'을 이야기하는 순간 사람들은 의심을 품는다는 것이다. 하지만 인간이자 하나님이신 그리스도가 없다면 기독교도 없다. 복음을 충실하게 전하려면 하나님의 초자연적 약속을 다루어야 한다.

의심을 들추어내시는 하나님

기독교 신앙의 기적적 측면을 받아들이기 힘든 사람이라면 사라의 이야기가 그녀 자신만이 아니라 세상 전체를 위해 어떻게 이어지는지 봐야 한다.

사라는 결국 믿는 자가 되었다. 그런데 그렇게 되기 전에 하나님은 그녀의 의심을 지적하셨다. 사라의 영적 상태를 분명히 보여 주시기 위해서였다. 하나님은 그녀가 자신의 영적 상태를 분명히 모른 채 믿음과 불신의 중간 어디쯤에서 표류하도록 내버려 두지 않으시고 그녀의 회의적인 태도를 정확히 지적하셨다. 그분은 아브라함에게 이렇게 말씀하셨다. "사라가 왜 웃으며 이르기를 내가 늙었거늘 어떻게 아들을 낳으리요 하느냐"(창 18:13). 사라는 잘못을 들킨 사람들이 흔히 하는 것처럼 반응했다. "사라가 두려워서 부인하여 이르되 내가 웃지 아니하였나이다." 이것은 거짓말이었다. 다행히 하나님은 사라가 거짓말로 상황을 모면하도록 놔두시지 않았다. "아니라 네가 웃었느니라"(창 18:15).

하나님은 사라가 무엇을 믿고 무엇을 믿지 않는지를 '정확히' 아셨다. 장막 안에 혼자 있던 사라는 자신이 아이를 낳으리라는 말을 비웃었다. 하나님은 그 웃음소리를 들었을 뿐 아니라 그 웃음이 무엇을 의미하는지 다 아셨다. 사라는 자신이 잉태하여 아들을 낳으리라는 하나님의 약속을 믿지 못했다. 천사의 다음 말에서 이를 알 수 있다. "여호와께 능하지 못한 일이 있겠느냐 기한이 이를 때에 내가 네게로 돌아오리니 사라에게 아들이 있으리라"(창 18:14). 간단히 말해, 사라는 가능해 보이는 일만 믿고 불가능해 보이는 일은 믿지 못했다. 그녀는 하나님께는 불가능한 일이 '전혀' 없다는 사실을 아직 배우지 못했다. 그래서 의심했다.

우리가 하나님의 약속을 어느 정도 믿고 있는지, 하나님과 성경과 구원을 믿는지 믿지 않는지, 성령은 우리의 모든 것을 정확히 아신다. 우리가 소망을 굳게 부여잡으면 하나님은 우리의 믿음을 보시고 그분의 약속을 더 깊이 의지하라고 말씀해 주신다. 하지만 우리가 크든 작든 의심을 품고 있으면 이런 회의적인 시각은 전혀 비밀에 부쳐질 수 없다. 성경의 진리를 의심하며 비웃었던 일, 누군가의 영적 열정을 비꼬았던 일,

상황이 뜻대로 풀리지 않을 때 남몰래 뱉은 욕설. 성령은 이 모든 것을 언제나 알고 계신다.

하나님은 이런 회의적인 의심과 냉소적인 말을 덮어 두시지 않고 들추어내신다. 하나님은 사라에게 하셨던 것처럼 우리가 믿지 '않는' 것들을 분명히 지적하신다. 이는 나중에 우리를 진정한 믿음의 사람으로 변화시키기 위함이다. 사라는 하나님이 약속을 지키시리라 믿지 못했다. 그 남모를 의심을 들추어내는 것은 그녀가 믿음을 갖게 하는 중요한 단계였다. 실제로 의심은 그녀를 결국 더 굳센 신자로 만들었다. 따라서 사라의 이야기는 우리의 믿음을 위해 계속해서 싸우라고 격려하는 이야기다. 하나님의 은혜로, 언젠가 우리는 "의심으로 인한 유익"을 얻게 될 것이다. 그 유익이란 바로 우리 믿음에 대한 강한 확신이다.

끝까지 믿음의 길을 걸을 때

사라가 어떻게 믿음을 갖게 되었는지 보려면 전후를 살펴보아야 한다. 왜냐하면 상수리나무 아래에서 사라에게 일어났던 일에는 전편과 속편이 있기 때문이다.

전편은 에덴동산에서 펼쳐졌다. 창세기를 보면 사라와 하와 사이에 연관성이 있다. 두 이야기에는 놀랄 정도로 비슷한 면들이 있다. 두 이야기는 모두 나무 근처에서 일어났고 둘 다 기만과 관련이 있다. 모두 하나님을 속이려는 시도가 있었다. 아담과 하와가 자신의 죄를 은폐하기 위해 하나님을 피해 숨으려고 했던 것을 기억하는가? 두 이야기 모두에서 하나님은 어떤 일이 벌어졌는지를 이미 정확히 알면서도 날카로운 질문을 던지신다. 또한 두 이야기 모두 복된 탄생의 약속을 포함하고 있다. 즉 창세기 3장 15절은 뱀을 짓밟을 분의 탄생을 말하고, 창세기 18장은 나라를 세울 자의 탄생을 이야기한다. 번역본에서는 찾기 힘들지만 두 이야기 모두에 '에덴'이라는 단어가 있다. 창세기 18장 12절에서 과연 자신이 어미가 되는 기쁨을 누릴 수 있겠느냐고 사라가 냉소적으로 말할 때 "즐거움"과 관련해 사용한 단어가 '에덴'의 한 형태다.

왜 성경은 이 둘을 연결시킬까? 저주를 뒤엎겠다는 약속을 하나님이 이행하기 시작하셨다는 사실을 보여 주기 위해서다. 복음의 첫 번째 약속은 한 여자가 인류를 구원할 아들을 낳으리라는 것이었다. 이 복된 약속은 사라와 아브라함에게도 선포된다. 사라는 이 약속을 선뜻 믿지 못했지만 그 약속은 이루어지고 있었다. 이 이야기들이 성경에 기록된 이유는 단순히 놀라운 탄생의 선포를 넘어 훨씬 더 큰 일이 벌어지고 있다는 점을 보여 주기 위해서다. 하나님은 구원 계획을 이루고 계신다.

우리는 사라가 아들을 낳았다는 창세기 21장 기록에서 약속의 한 성취를 볼 수 있다. 성경은 이렇게 말한다. "여호와께서 말씀하신 대로 사라를 돌보셨고 여호와께서 말씀하신 대로 사라에게 행하셨으므로"(1절). 강조하기 위해 요점을 반복하고 있다. 즉 "말씀하신 대로"가 두 번 나타난다. 마침내 "사라가 임신하고 하나님이 말씀하신 시기가 되어 노년의 아브라함에게 아들을 낳으니"(2절). 사라의 아들이 증거였다. 사라는 믿지 못했지만 아들을 품에 안고 있으니 더 이상 의심할 수 없었다. 하나님은 약속하신 대로 행하셨다.

속편도 있다. 누가복음의 앞부분에서 이를 읽을 수 있다. 사가랴와 엘리사벳이라는 또 다른 부부가 예상치 못한 임신을 한다. 그들도 아이를 가질 수 있는 나이를 훌쩍 넘긴 상태였다. 그럼에도 아이가 태어났다. 그들은 아들을 얻었다. 행복감에 젖은 부부는 아이의 이름을 요한이라 정했다. '요한'은 더 놀라운 선포를 예비하는 이름이었다. 한 빛나는 천사가 인생을 변화시키고 세상을 구원하는 말씀을 가지고 호수 마을의 한 처녀를 방문해서 이를 선포한다.

"마리아여 무서워하지 말라 네가 하나님께 은혜를 입었느니라 보라 네가 잉태하여 아들을 낳으리니 그 이름을 예수라 하라 그가 큰 자가 되고 지극히 높으신 이의 아들이라 일컬어질 것이요 주 하나님께서 그 조상 다윗의 왕위를 그에게 주시리니 영원히 야곱의 집을 왕으로 다스리실 것이며 그 나라가 무궁하리라"(눅 1:30-33)

사라와 엘리사벳에게 일어난 일도 놀랍지만 불가능한 일은 아니었다. 단지 일어나기 힘든 일이었을 뿐이다. 하지만 마리아에게 일어난 일은 실로 불가능한 일이었다. 그것은 오직 성령 하나님만 하실 수 있는 일이었다. 옛 예언이 먼저 나사렛에서, 그리고 베들레헴에서 이루어졌다. 이사야가 예언한 것처럼 '처녀'가 잉태하여 아들을 낳았다(사 7:14). 처녀의 잉태! 메들렌 렝글은 어린이용 기독교 그림책에서 이 탄생을 "영광스러운 불가능"(The Glorious Impossible)이라고 부른다.[3] 그분은 성육신하신 하나님의 아들이었다.

천사가 찾아와 도무지 믿을 수 없는 말을 전하자 마리아는 솔직히 질문했다. "어떻게 이런 일이 일어날 수 있습니까?" 천사의 대답은 간단했다. "성령이 네게 임하시고 지극히 높으신 이의 능력이 너를 덮으시리니 이러므로 나실 바 거룩한 이는 하나님의 아들이라 일컬어지리라"(눅 1:35). 더 이상 다른 말은 필요하지 않았다. 마리아는 의심하지 않고 믿었다. 그녀는 웃지 않고 경배했다. 그녀는 저항하지 않고 순복했다. "말씀대로 내게 이루어지이다"(눅 1:38). 이 믿음으로 충만한 고백은 모든 신자에게 귀한 본보기다.

마리아의 이야기를 유심히 읽어 보면 그 옛날 사라 이야기와 연결되는 중요한 점을 발견할 수 있다. 두 이야기를 나란히 놓아 보면 우리 자신의 이야기를 성경의 배경 속에서 볼 때 도움이 된다. 사라 이야기에서 천사는 수사의문문을 사용했다. "여호와께 능하지 못한 일이 있겠느냐"(창 18:14). 이 물음 자체에는 "그렇지 않다. 하나님께 어려운 일이란 없다"라는 답변이 함축되어 있다. 마리아에게 찾아온 천사는 창세기에 기록된 것과 거의 같은 내용이지만 물음표가 아니라 느낌표로 끝나야 마땅한 선포로 말씀을 전한다. "대저 하나님의 모든 말씀은 능하지 못하심이 없느니라"(눅 1:37).

여기에 우리가 실천할 원칙이 있다. 우리는 불가능을 이루시는 하나님을 섬기고 있다. 하나님은 "우리가 구하거나 생각하는 모든 것에 더 넘치도록 능히 하실" 수 있다(엡 3:20). 우리는 이것을 믿는가?

저스틴 스키석과 패트릭 그레이는 불가능해 보이는 여행으로 하나님의 능력에 대해 자신들이 가진 믿음을 시험했다. 그 여행은 프랑스와 스페인의 구불구불한 산길을 지나 갈리시아 지방 산티아고 데 콤포스텔라 대성당까지 이어지는 장장 8백 킬로미터의 도보 순례였다.[4] 스키석은 신경근육계 질환으로 휠체어 없이는 움직일 수 없었다. 가장 친한 친구인 그레이가 여행 내내 그를 밀면서 가야 했다. 여행을 시작했던 봄, 휠체어가 진흙탕에 빠져 몇 시간 동안 움직이지 못하고 있었다. 그때 어느 주민이 다가오더니 그들이 불가능한 일을 하고 있다고 말했다. 하지만 이 두 사람이 순례를 끝까지 마치기로 굳게 마음먹은 것을 안 주민은 그들을 축복해 주었다. 힘이 난 두 사람은 나머지 여정을 무사히 마쳤다. 그 주민의 축복은 "하나님께는 불가능도 가능하다!"라고 외치는 응원과도 같았다.

스키석과 그레이, 사라와 마리아처럼 우리도 하나님이 약속을 지키시리라 믿고 끝까지 믿음의 길을 걸으면 얼마나 많은 일이 하나님께 가능한지를 발견하게 될 것이다. 크리스천 와이먼은 더 담대하게 영적 여행을 떠나라고 촉구한다. "우리가 의심이라고 부르는 것은 믿음이 전혀 없는 상태가 아니라 단지 마음과 정신이 무뎌진 상태인 경우가 많다. 진정으로 살지 않는 삶 속에서 믿음은 잠자고 있으며, 우리가 최선을 다하지 않는 세상에서는 하나님도 역사하시지 않는다."[5]

의심을 이겨 낸 믿음

세 어머니. 기적의 세 아기. 예수 그리스도의 구원에 관한 하나의 이야기. 분명 이 세 어머니 중에서 마리아는 가장 좋은 신앙의 모델이다. 그녀는 의심하거나 속이는 자가 아니라 겸손하고 신실한 신자였다.

하지만 사라를 너무 무시하지 말라. 사라는 처음에는 의심했으나 결국 그 의심으로 전보다 더 굳센 신자가 되었다. 히브리서 11장은 사라를 믿음의 명예 전당에 포함시켰다. "믿음으로 사라 자신도 나이가 많아 단산하였으나 잉태할 수 있는 힘을 얻었으니 이는 약속하신 이를 미쁘신 줄 알았음이라"(11절). 이 간단한 진술에서 우리는 아기가 태어나기 전에 사라가 하나님의 목적을 믿었음을 분명히 알 수 있다.

사라가 아들에게 지어 준 이름은 의심을 이겨 낸 믿음의 또 다른 증거다. 사라는 '웃음'을 의미하는 히브리어인 '이삭'을 아들의 이름으로 삼았다. 그리고 이렇게 설명했다. "하나님이 나를 웃게 하시니 듣는 자가 다 나와 함께 웃으리로다 … 자식들을 젖먹이겠다고 누가 아브라함에게 말하였으리요마는 아브라함의 노경에 내가 아들을 낳았도다"(창 21:6-7).

이 말은 사라가 잉태하여 아들을 낳으리라고 천사가 아브라함에게 말하자 사라가 믿지 못해 웃었던 일을 떠올리게 한다. 그렇다면 이 말은 사라가 자신을 비웃을 줄 알게 되었다는 뜻이다. 이것은 영적, 정서적으로 건강하다는 분명한 증거다. 사라는 마음껏 자신을 비웃으라고 말하고 있다. 아기가 태어나자 그녀는 하나님의 능력과 약속을 의심했던 것이 얼마나 웃기는 일이었는지를 깨달았다. 그래서 자신이 득남의 가능성을 어떻게 비웃었는지 기억나게 하는 이름을 하나뿐인 아들에게 주었다.

나는 사라가 남은 평생을 웃으며 살았을 것 같다. 하나님이 약속을 이루기 시작하셨다는 사실을 깨달았을 때 얼마나 행복했을까? 그토록 짜증이 났던 이유가 입덧 때문이었음을 처음 알았을 때 깔깔 웃지 않았을까? 배에서 움직임을 느끼고 자신의 태에 새 생명이 있다는 것을 알자 정신없이 웃지 않았을까?

아들이 태어났을 때 사라가 소리 내어 웃었다는 점은 확실하다. 이번에는 씁쓸하고 냉소적인 웃음이 아니었다. 하나님에게서 숨을 때의 웃음과 달리 기쁨이 넘치는 거룩한 웃음이었다. 하나님이 자신을 증명해 보이시자 사라는 새로운 기쁨을 얻었다. 믿음과 불신 사이의 한 가지 차이는 웃는 방식이다. 하나는 비웃음이고 다른 하나는 예배의 형태다. 가장 의미 있는 웃음은 하나님이 은혜롭게도 모든 약속을 지키신다는 것을 알 때 주체할 수 없이 연신 터져 나오는 웃음이다.

하나님은 우리에게 어떻게 자신을 증명해 보이실까? 하나님이 사라에게 자신을 증명해 보이신 방법은 그녀의 상황을 보고 복을 약속하신 다음 그 약속을 지키신 것이었다. 헤르만 바빙크에 따르면, 성령 하나님은 우리 모두를 개인적으로 만나 주심으로 자신을 증명해 보이기 원하신다. 바빙크는 이렇게 말한다.

> 성경은 우리에게 신에 관한 추상적인 개념을 주지 않고 우리 모두가 살아 계신 참된 하나님을 개인적으로 만나게 한다. 성경은 우리의 관념과 개념을 허물어 하나님 자신에게 돌아가게 만든다. 그래서 성경은 하나님에 관해서 논하는 것이 아니라 우리에게 하나님을 제시하고 그분의 모든 역사를 통해 그분을 보여 준다.[6]

하나님의 가장 아름다운 역사는 바로 예수 그리스도를 통한 구원의 역사다. 동정녀의 태에 성육신하며 시작된 그 구원의 역사는 완벽한 순종의 삶, 회개와 믿음의 메시지, 십자가 위의 대속적 죽음, 무덤에서의 영광스러운 부활을 거쳐 마지막 의로운 심판까지 이어질 것이다. 성경은 "하나님의 약속은 얼마든지 그리스도 안에서 예가 되니"라고 말한다(고후 1:20). 구유 속의 아기를 볼 때, 십자가 위의 그리스도를 볼 때, 빈 무덤 속을 들여다볼 때, 예수 그리스도의 얼굴에서 하나님의 영광을 볼 때, 우리는 바로 하나님의 약속의 성취를 본다.

이것이 우리에게 의미하는 바(용서, 치유, 사랑의 돌봄, 미래의 소망, 영생)를 깨달을 때 웃어야 한다. 의심하는 자들은 하나님의 약속을 비웃지만, 믿는 자들은 항상 마지막에 웃는다. 우리는 믿음의 어머니들인 하와, 사라, 마리아와 함께 영원토록 웃으며 살 것이다. 우리의 지난 의심들을 기억할 때마다 어이가 없어서 웃고, 하나님이 예수 그리스도 안에서 주신 모든 약속을 온전히 이루셨음을 기억할 때마다 기뻐서 웃게 될 것이다.

3.

하나님께 받은
소명이
의심될 때

"자질 없는 내게 이 일을 맡긴 건 하나님 실수야."

모세가 하나님께 아뢰되
내가 누구이기에 바로에게 가며
이스라엘 자손을 애굽에서 인도하여 내리이까
출애굽기 3:11

지금쯤이면 이 책의 주제가 우리의 의심을 솔직히 인정하고 하나님을 경외하는 방식으로 그 의심을 다루는 것임을 분명히 알았으리라 믿는다. 믿기 어려워도 믿음의 삶을 향해 나아가기를 배우고 의심이 그리스도인의 삶에서 정상적인 일부임을 깨닫게 하는 것이 이 책의 목적이다. 머리로는 이해하지만 마음으로는 믿기 힘들어하거나 의문을 품고서 답을 찾는 중인 다른 순례자들과 함께 걸어가자는 목적도 있다. 하나님이 계신다는 사실을 증명하거나 고전 변증학의 큰 문제들을 해결하는 것이 이 책의 주된 목적이 아니다. 이 책은 우리가 그리스도인으로서 품고 있는 여러 질문을 다룬다. 예수님을 따르려고 할 때 우리 영혼을 괴롭히는 온갖 의심을 다룬다.

어떤 영적 문제든 그것을 다루는 최선의 방법은 성경을 펴서 뭐라고 말하는지 보는 것이다. 믿음과 의심의 관점에서 성경을 연구하면 두 가지가 눈에 들어온다. 그중 하나는 큰 믿음으로 알려진 성경의 인물들이 거의 다 의심에 시달렸다는 것이다. 이른바 '의심 많은 도마'만 예수님을 믿기 힘들어한 것이 아니다. 하와, 사라, 예레미야, 베드로를 비롯해서 우리가 이 책에서 만날 수 있는 모든 남녀가 의심을 품은 적이 있다.

성경에서 배울 수 있는 또 다른 사실은 의심을 하나님 앞으로 가져간 사람들은 앞으로 나아갈 믿음을 찾았다는 것이다. 그들이 항상 질문에 답을 얻지는 못했다. 사실 답을 얻기 '전에' 믿음으로 나아가라는 부름을 받은 사람이 대다수이다. 그들이 모두 의심을 내려놓은 것도 아니다. 한때 품었던 질문들이 다시 밀려온다. 혹은 완전히 새로운 의심이 솟아나서 믿고 순종하기 어렵게 만든다. 하지만 의심하는 자들이 하나님의 은혜로 믿는 자가 되고 결국 제자가 된다. 굳센 믿음의 영웅들 중에는 자신의 의심을 솔직히 털어놓고, 질문을 놓고 기도하며, 하나님이 보여 주시려는 것에 마음을 열었던 남녀가 많다.

소명을 감당할 자질이 있을까

모세는 의심하는 자에서 믿는 자가 된 대표적인 사례다. 모세는 의심을 품고 있었다. 구체적으로 말하면, 하나님이 어떤 일을 시키시는지 분명히 알면서도 그것을 해낼 능력이 자신에게 있는지 의심했다. 모세는 하나님이 주신 선교의 소명을 의심한 남자였다.

모세는 애굽에서 노예로 태어났고, 어머니는 모세를 숨겨서 살려 냈다. 아기 모세는 나일 강에서 건짐을 받았고, 바로의 왕궁에서 교육을 받았다. 그는 권력자의 집안에서 힘과 명성을 경험했다. 그와 동시에 큰 실패도 겪었다. 히브리 동포가 학대를 받는 모습에 분노한 그는 동포를 부리던 자를 때려서 죽이고 말았다. 한 번에 한 명씩 애굽인을 심판해서 자신의 백성을 해방시키려 한 것일까. 하지만 해방자가 되기는커녕 살인자 신세가 되었고 광야로 도망쳐 40년간 숨어 살았다.

광야에서 모세는 살아 계신 하나님을 만났다. 하루는 양을 치러 나갔다가, 재가 되지 않고 계속해서 활활 타오르는 떨기나무 한 그루를 보게 되었다. 하나님은 그 불타는 떨기나무 속에서 모세의 이름을 부르며 말씀하셨다. 하나님은 모세에게 거룩한 땅에 서기 전에 신발을 벗으라고 명령하셨다. 그러고 나서 더없이 분명한 지시를 내리셨다. "이제 내가 너를 바로에게 보내어 너에게 내 백성 이스라엘 자손을 애굽에서 인도하여 내게 하리라"(출 3:10).

많은 사람이 살면서 선택 앞에서 고민한다. 어느 학교에 가야 할까? 무엇을 공부해야 할까? 누구와 결혼해야 할까? 어디서 살아야 할까? 어떤 진로를 선택해야 할까? 언제 은퇴해야 할까? 모세에게는 이런 걱정이 없었다. 그는 대부분의 사람들이 원하는 것, 아니 원한다고 생각하는 것을 받았다. 그것은 바로 하나님의 분명한 부르심이었다. 그러니 무슨 의심이 있을 수 있겠는가. 그는 거룩한 땅 위에 서 있었고 나무가 불타는 기적을 두 눈으로 똑똑히 보고 있었다. 그는 하나님의 음성을 귀로 들었고 어디로 가서 무엇을 말해야 하는지 분명히 들었다. 하나님의 임재에 관해서는 의심할 여지가 없었다. 하나님이 그를 어떤 일로 부르시는지도 더없이 분명했다.

하지만 그 즉시 모세는 전능자에게 질문을 던지고, 심지어 더 적합한 사람을 보내라며 하나님을 설득하려 한다. 그는 근본적으로 자신이 그 일에 적임자인지를 의심했다. 이어지는 대화에서 그는 몇 번이나 하나님의 부르심을 거부한다. 그는 바로 앞에 서기에는 자신이 너무 보잘것없는 자라고 말한다. 바로 앞에 가도(어차피 바로에게 갈 마음도 없었다. 출애굽기 3장 13절을 보라. "내가 이스라엘 자손에게 가서") 할 말을 알지 못할 것이라고 말한다(하지만 하나님께 따질 때 모세는 전혀 언변이 부족해 보이지 않는다!). 그는 자신이 대사의 자격도 없다는 점을 지적한다. 그는 자신이 하나님을 대변한다고 말해도 백성이 믿지 않을 것이라고 한다. 대중 연설에서 낙제점을 받았다고 주장했다. 대화는 그런 식으로 이어졌다. 변명이 꼬리에 꼬리를 물었다.

마침내 모세는 속내를 직접적으로 털어놓는다. "오 주여 보낼 만한 자를 보내소서"(출 4:13). 이것은 가서 복음을 전하라고 하나님이 명령하셨을 때 이사야가 한 말과 정반대다. "내가 여기 있나이다 나를 보내소서"(사 6:8). 물론 모세도 불타는 떨기나무에서 부름이 들려오자 "내가 여기 있나이다"라고 처음에는 대답했다(출 3:4). 하지만 하나님이 무슨 일을 시키시려는지 알고 나서는 사실상 이렇게 말했다. "나 '말고' 다른 사람을 보내소서."

많은 사람이 모세에게 공감할 것이다. 내게 그런 능력이 있을까? 영적으로, 지적으로, 음악적으로, 체력적으로, 미적으로, 사회적으로, 직업적으로, 혹은 다른 면에서 내가 이 일을 감당할 수 있을까? 내가 부족하지는 않을까? 이것이 내게 적합한 일일까? 하나님이 이 일로 나를 부르시는 것 같은데 과연 내가 이 일을 해낼 수 있을까? 우리는 목표를 달성한다거나, 사람들의 사랑과 존경을 받는다거나, 우리 삶을 위한 하나님의 목적을 이룬다거나 하는 것을 믿지 못하기 십상이다. 엄두가 나지 않을 가능성이 높다. 우리 모두는 나름의 의심을 품고 있다.

하나님의 능력과 은혜를 바라보라

모세의 말로 볼 때 그의 의심은 주로 자기 자신에 관한 것이었다고 생각하기 쉽다. 그도 그럴 것이 모세는 자신의 능력 부족을 불평하는 듯 보인다. 분명 이 남자는 자신에 대한 의심에 시달리고 있었다.

하지만 정말로 그랬을까? 이 이야기가 우리의 신성한 소명에 관해서 무엇을 말해 주는지를 이해하려면 모세의 의심이 사실상 자신이 아니라 하나님에 관한 의심이었다는 점을 알아야 한다. 하나님의 답변에서 이것을 알 수 있다. 하나님은 모세 자신의 능력을 믿으라고 말씀하시지 않았다. 하나님은 그의 지난 실수들이 미래의 성공을 위한 준비 과정이었다고 말씀하시지 않았다. 모세가 바로 앞에 설 만한 교육 수준과 지적 능력을 갖추었다고 말씀하시지 않았다. 생각보다 뛰어난

웅변가라고 말씀하시지도 않았다.

때로 우리도 자신에게 비슷한 말을 한다. 하지만 그래 봐야 모세가 그랬듯 자신감은 조금도 커지지 않는다. "너는 능력이 있어." "너는 충분히 지혜가 있어. 이제 그 지혜를 발휘할 때야." "너는 충분히 준비가 되었어." "너는 생각보다 재능이 있어." "하나님은 네가 감당할 수 없는 수준의 일을 시키시지 않아." 이런 진부한 말이 어느 정도 사실일지 모른다. 하지만 삶이 예상보다 힘겹거나, 우리보다 훨씬 능력이 많은 사람들을 만나거나, 감당할 수 없을 만큼 힘든 일을 하나님이 주시면 이런 말은 별로 위로가 되지 않는다.

우리 자신에게 초점을 맞추면 자신에 대한 의심이 작아지기는커녕 커진다. 이것이 하나님이 모세 자신에 관해서 생각해 보라고 하시지 않고 그분을 믿으라고 하신 이유다. 불타는 떨기나무 앞에서 벌어진 이 긴 논쟁의 전환점마다 하나님은 모세가 자신에게서 눈을 떼어 하나님 그분의 사랑 넘치는 은혜와 크신 능력을 바라보도록 유도하셨다.

대화는 이런 식으로 이루어졌다. 하나님은 모세의 이름을 부른 뒤에 자신이 "네 조상의 하나님이니 아브라함의 하나님, 이삭의 하나님, 야곱의 하나님"이라고 밝히셨다(출 3:6). 하나님은 모세에게 자기 자신의 이력을 돌아보라고 권하는 대신 수 세대 동안 변함없었던 그분의 신실함을 깨달으라고 초대하셨다. 하나님은 우리에게도 같은 확신을 주신다. 그분은 우리 믿음의 아버지들과 어머니들의 하나님이시다. 그분은 과거에 그분의 백성과 함께해 주셨다. 그분은 그 옛날 애굽의 노예였던 이스라엘 자손을 보듯이 오늘 우리를 보시며, 우리를 모든 곤란에서 구하실 계획을 품고 계신다. 하나님은 우리에게 이런 약속을 주셨다. "내가 결코 너희를 버리지 아니하고 너희를 떠나지 아니하리라"(히 13:5).

모세가 바로 앞에 설 자격이 없다고 반박하자 하나님은 그의 이력을 완전히 무시하고서 이렇게 말씀하셨다. "내가 반드시 너와 함께 있으리라"(출 3:12). 모세가 어떤 사람인지, 과거에 어떤 일을 이루었는지는 전혀 중요하지 않다. 우리가 어떤 사람인지, 과거에 어떤 일을 이루었는지도 전혀 중요하지 않다. 중요한 것은 하나님이 어떤 분이시고 어떤 일을 행하실 수 있는지다.

그러나 모세는 바로만큼이나 이스라엘 백성도 자신의 말을 듣지 않을 것이라고 주장했다. 참으로 말 같지도 않은 말이었다. 하나님은 이미 이스라엘 백성이 그의 말을 들을 것이라고 말씀하셨기 때문이다(출 3:18). '하지만 그들이 듣지 않는다면?' 모세는 그렇게 생각하며 고개를 갸웃거린다. 이에 하나님은 대화의 방향을 핵심으로 되돌리셨다. 핵심은 하나님의 영원한 존재하심과 편재하심과 전능하심이었다. 하나님은 모세에게 누가 그를 보냈는지 묻거든 이렇게 말하라고 지시하신다. "나는 스스로 있는 자이니라 … 스스로 있는 자가 나를 너희에게 보내셨다 하라"(출 3:14). 하나님은 그렇게 요점을 상기시키셨다. 중요한 것은 온갖 한계를 지니고 주저하는 모세 자신이 아니었다. 중요한 것은 하나님이 만세 전부터 계셨고 스스로 존재하시며 영원히 존재하시는 분, 소멸되시지 않는 분, 예수 그리스도를 통해 위대한 "스스로 있는 자"로 우리에게 나타나신 분이라는 사실이다.[1] 이 위대한 하나님이 어떤 분이신지에 대한 확신이 그분의 백성에게 필요한 전부였다.

모세가 염려한 문제는 불타는 떨기나무 앞에 자기 혼자만 있었다는 것이다. 자신 외에 현장을 본 사람은 아무도 없었다. 따라서 살아 계신 하나님을 만났다고 말해도 아무도 믿지 않을 것 같았다. 그들도 의심하리라고 생각했다. 그래서 모세는 이렇게 말했다. "그들이 나를 믿지 아니하며 내 말을 듣지 아니하고 이르기를 여호와께서 네게 나타나지 아니하셨다 하리이다"(출 4:1). 하나님이 정말로 자신 앞에 나타났는지 사람들이 어떻게 알겠는가? 하나님이 자신에게 이런저런 말씀을 하셨다고 말해도 누가 믿겠는가?

그래서 모세는 과감하게 하나님께 표징을 요청했다. 이에 하나님은 감사하게도 무려 세 개의 표징을 주셨다. 지팡이가 뱀으로 변했다가 다시 지팡이로 돌아오는 기적, 모세의 손을 나병 환자의 손으로 만든 뒤에 다시 깨끗하게 회복시키는 기적, 사람들이 이 놀라운 두 기적을 믿지 않을 경우를 대비해서 나일강 물이 피로 변하는 기적.

이 세 기적이면 충분하고도 넘친다. 그런데도 모세는 계속해서 자신의 한계를 떠올리며 또 다른 반박을 시도한다. "오 주여 나는 본래 말을 잘하지 못하는 자니이다 주께서 주의 종에게 명령하신 후에도 역시 그러하니 나는 입이 뻣뻣하고 혀가 둔한 자니이다"(출 4:10). 대부분의 사람들이 이 말에 공감할 것이다. 우리가 말을 더듬거나 말주변이 없거나 남들 앞에서 말하는 것이 두려워서 공감하는 것은 아니다. 물론 미국인의 75퍼센트가 이런 공포증을 갖고 있지만 말이다. 여기서 우리가 모세에게 공감하는 이유는 우리도 의심이 끝없이 솟아나기 때문이다. 계속해서 자신에게 초점을 맞추면 창피스러운 결점, 주저해야 할 이유, 누구도 풀 수 없는 문제, 믿음을 갉아먹는 의심이 끊임없이 떠오른다. 모세처럼 자기 자신을 볼수록 자신이 못나 보인다. 자신에 대한 의심(실상은 하나님에 대한 의심)이 끝없이 이어진다.

이번에도 하나님은 답을 갖고 계셨다. 하나님 나라의 일에 더 적합한 인물을 찾아야 한다는 모세의 말에 동의하는 대신 창조주로서 모세에 대한 소유권을 주장하셨다. "누가 사람의 입을 지었느냐 누가 말 못 하는 자나 못 듣는 자나 눈 밝은 자나 맹인이 되게 하였느냐 나 여호와가 아니냐 이제 가라 내가 네 입과 함께 있어서 할 말을 가르치리라"(출 4:11-12).

하나님은 모세를 향한 소명을 철회하시지 않고 계속해서 그를 종으로 부르셨다. 사람이 어떤 재능이나 단점이나 약함을 타고났든 그 모든 것은 하나님이 주신 것이다. 하나님은 모세를, 나아가서 우리 모두를 정확히 그분이 의도한 그대로 지으셨다. 하나님이 모세에게 선교의 소명을 주셨을 때는 모든 조건을 고려하신 것이다. 따라서 하나님이 우리를 향한 목적을 품고 계신지 혹은 우리가 하나님의 소명에 응할 능력이 있는지 의심한다면 사실상 우리 자신이 아니라 그분이 원하시는 모습으로 우리를 창조하신 하나님을 의심하는 것이다.

하나님이 우리에게 주시는 소명이 분명해지는 순간 우리의 솔직한 의심은 불경한 죄로 발전할 위험에 처한다. 바너버스 파이퍼는 이렇게 경고한다. "믿음을 방해하는 지적 걸림돌은 반항을 위한 편리한 변명인 경우가 많다. 따라서 질문을 할 때는 답을 듣는 동시에 그 답을 **받아들일** 마음으로 질문을 해야 한다."[2]

'자기 의심'은 사실상 '하나님 의심'이라는 사실을 알아야 한다. "나는 아름답지 않아." "아무도 나를 받아 줄 것 같지 않아." "나는 충분히 선하지도 경건하지도 않아." "나는 하나님이 주신 일에 걸맞지 않아." 이런 생각이 든다면 하늘 아버지께서 우리를 아름답게 지으셨고, 예수 그리스도 안에서 우리를 용서하고 받아 주셨으며, 예수님을 죽음에서 되살리신 성령이 지금 우리 안에 살아 계신다는 사실을 기억해야 한다. 우리 자신에게 더 초점을 맞추면 자기 의심을 해결할 수 없다. 오직 예수님을 바라볼 때만 그것을 해결할 수 있다. 그분의 임재, 그분의 능력, 그분의 자비, 그분의 은혜를 바라보아야 한다.

의심이 해결되지 않아도

자신의 반박에 대한 하나님의 답변을 모세가 받아들였으리라 생각한다면 오산이다. 모세는 오히려 다른 사람을 보내라고 노골적으로 말한다.

하나님이 약속해 주신 것만으로도 충분했다. 모세가 어디를 가든 하나님이 함께 가며 힘을 주실 것이다. 무엇이 필요하든 하나님이 제공해 주실 것이다. 언변에 자신이 없으면 하나님이 그곳에 함께 계셔서 그가 할 말을 알려 주실 것이다. 예수님도 우리에게 비슷한 약속을 해 주셨다. "내가 세상 끝 날까지 너희와 항상 함께 있으리라"(마 28:20). 우리는 하나님의 임재에 관한 약속만으로 충분하다. 모세도 그랬어야 했다.

하지만 의심의 여부와 상관없이 모세의 다음 행동만은 칭찬해야 마땅하다. 성경 어디에서도 소명에 관한 그의 질문들이 해결되었다는 분명한 증거를 찾아볼 수 없다. 끝까지 해결되지 않았을지도 모른다. 최소한 당장은 해결되지 않았을 것이다. 하지만 모세는 어쨌든 하나님과 함께 갔다. 하나님은 모세에게 형 아론이 대변인 역할을 해 줄 수 있다고 말씀하셨다(출 4:16). 그러고 나서 모세에게 기적의 지팡이를 건네셨다(출 4:17). 그다음은 모세가 바로에게 가서 "내 백성을 보내라"라는 하나님 말씀을 전하는 장면으로 이어진다(출 5:1).

결국 모세는 하나님의 소명에 응했다. 그는 자신의 의심을 솔직히 털어놓았다. 그 모든 의심을 기도 가운데 하나님께로 가져갔다. 그는 하나님이 말씀을 다 하실 때까지 자리를 지켰다. 최종적으로 결정해야 할 순간이 오자 의심이 남아 있는 상태에서도 하나님이 시키시는 대로 했다. 하나님은 "가라!" 말씀하셨고, 모세는 갔다.

모든 질문에 답을 들어야 비로소 하나님을 따를 수 있다고 생각하는 이들이 있다. 하지만 성경을 보면 하나님이 먼저 모든 답을 주시는 경우가 좀처럼 없다. 그 대신 즉시 따르라고 말씀하시는 경우가 대다수다. 성경의 인물들은 먼저 하나님과 함께 가기 시작한 '뒤에' 믿음으로 성장한다. 욥을 생각해 보라. 그는 전능자에게 온갖 질문을 품고 있었지만 하나님은 제대로 답해 주시지 않았다. 오히려 하나님은 욥이 뒤로 물러서서 예배할 때까지 그분 자신의 질문을 쏟아 내셨다.

첫 제자들을 보라. 예수님은 자신을 따르라고 말씀하시고 나서 그들과 협상하시지 않았다. 그분은 그냥 "나를 따르라"(예를 들어, 막 1:17)라고 말씀하셨고 이에 제자들은 그 어떤 질문에 대한 답도 듣지 못한 채 모든 것을 버리고서 그분을 따라갔다. 그들은 몇 년 뒤 그분이 죽음에서 다시 살아나시기 전까지 그분을 완전히 확신하지 못했다.

모든 의심이 풀려야 한다고 고집을 부리는 사람들은 절대 예수님을 따를 수 없다. 모든 질문에 답을 얻어야 한다고 주장하는 이들도 마찬가지다. 많은 충성스러운 그리스도인들이 발견했듯 의심에서 빠져나오는 길은 제자가 되는 것이다. 용감한 독일 신학자 디트리히 본회퍼의 말이 참으로 옳다. "순종하는 자만이 믿는 자이며, 믿는 자는 순종한다."[3]

선교학자 레슬리 뉴비긴도 비슷한 요지를 좀 더 자세히 설명했다.

그리스도인에게 적합한 확신은 증명 가능하고 의심의 여지 없는 지식을 지녔다고 주장하는 자의 확신이 아니다. 그것은 자신을 위해 만물을 지으신 하나님에게서 오는 소명을 듣고 응답한 자의 확신이다.[4]

스코틀랜드 소설가 조지 맥도널드도 하나님을 믿고 순종하기를 주저하는 자들에게 주는 귀한 경고로 같은 통찰을 풀어냈다. "의심은 뭔가를 하도록 격려하는 요인이 되지 못하고 아무것도 하지 않게 만드는 나쁜 이유가 된다."[5]

우리는 아무것도 하지 않는 것이 아니라 이미 아는 바에 따라 행동해야 한다. 의심이 해결되지 않은 가운데서도 결국 무엇을 해야 할지 결정해야 할 순간은 오기 때문이다.

예수 그리스도께 끌리지만 여전히 의심이 가시지 않은 친구와 만나 저녁식사를 한 남자가 있다. 친구는 몇 달간 교회에 다니고 나니 그리스도인이 되고 싶지만 아직 풀리지 않은 의문이 너무 많아서 믿음의 발걸음을 내딛을 수 없다고 말했다. 남자는 최소한 이생에서는 결국 모든 답을 얻지 못하리라고 솔직히 말했다. 그러니 이미 아는 것을 토대로 그냥 예수님을 믿을 수 없는지 물었다. 감사하게도 그 순간 친구는 예수님을 영접할 준비가 되었다고 마음을 밝혔다. "이 식당에서 당장?" 당황한 남자의 물음에 친구는 대답했다. "그래, 안 될 이유라도 있어?"

안 될 이유가 어디 있겠는가. 우리의 삶을 예수 그리스도께 바친다면 어느 때, 어느 곳이라도 좋다. 질문과 의문이 해결되지 않은 채 남아 있어도 그렇게 하라. 예수님을 따르는 것이야말로 우리 인생 최고의 결정이다.

소명에 어떻게 응답할까

모세는 하나님이 주시는 선교의 소명에 응하기로 결심한 뒤 하나님께로 더 가까이 다가가는 인생 여정을 시작했다. 의심하던 사람들이 하나님과 동행하기로 결심하면 이런 일이 일어난다. 그리고 하나님을 더 의지하는 법을 배우게 된다. 때로는 모세처럼 놀라운 믿음의 발걸음을 내딛게 된다.

하나님이 모세를 통해서 행하신 역사는 실로 놀라운 이야기다. 선지자 모세는 용감하게 바로의 궁전으로 들어갔고 하나님의 백성을 보내라고 반복해서 말했다. 하나님의 권능으로 그는 하늘에서 재앙을 내렸다. 홍해를 갈랐다. 이스라엘 백성을 이끌고 광야를 안전하게 통과하는 위업도 이루었다. 산에 올라가 하나님과 대화도 나누었다. 그는 전능자와 더없이 친밀해져서 결국 그분의 영광을 보여 달라고 요청했다. 한때 불타는 떨기나무 앞에서 얼굴을 숨겼던 자가 두려움 없이 창조주를 과감하게 응시했다. 그는 하나님의 영광으로 빛을 발하며 산에서 내려왔다. 그러고 나서 하나님의 법을 선포하고 심판을 선언했다. 그는 하나님의 백성을 해방시켰다.

모세는 구원 역사에서 독특한 역할을 했지만 우리 모두에게도 하나님이 주시는 소명이 있다. 우리는 어떻게 응답할 것인가? 의심이 간다면 어떻게 할 것인가? 질문을 놓고 어떻게 기도할 것인가? 모세처럼 용감한 순종으로 믿음의 발걸음을 내딛고 하나님의 부르심에 응하면 우리의 믿음은 자랄 것이다. 하나님은 그 신실하심을 증명해 보이시고, 우리는 세상 속에서 우리만의 독특한 목적을 이룰 것이다.

그렇게 할 때 우리는 구주의 길을 따른다. 예수님도 소명을 받으셨다. 그것은 십자가 죽음에서 절정에 이르는 소명이었다. 성부 하나님은 평생 순종하라고 성자 하나님을 부르셨다. 그 순종의 끝은 세상의 구원을 위한 아버지의 뜻을 따르는 희생이었다. 예수님은 그 길을 걷는 내내 충성을 다하셨다. 이제 예수님의 길을 따르는 이들이 그분이 이루신 구속의 선물을 선포하고 있다. 그들은 의심이 해결되지 않았음에도 불구하고 그분의 부르심에 응해 그분이 주시는 선교의 소명에 순종한 용감한 자들이다.

4.

하나님의
보호가
의심될 때

"이 세상에 안전한 곳은 없어."

하나님의 사람의 사환이 일찍이 일어나서 나가 보니
군사와 말과 병거가 성읍을 에워쌌는지라
그의 사환이 엘리사에게 말하되
아아, 내 주여 우리가 어찌하리이까 하니

열왕기하 6:15

전문가에 따르면 개인적 안전 욕구가 Z세대의 결정적인 특징 중 하나라고 한다.[1] 9·11 테러 이후 자녀 보호에 큰 관심을 쏟는 부모 아래서 자란 것이 그 원인으로 자주 꼽힌다.

어떤 이들은 너무 강한 안전 욕구를 비판하며 "안전지상주의"를 경계한다.[2] 하지만 타락한 세상, 때로 두렵기까지 한 세상의 재해와 위험에서 보호받고 싶다는 것이 잘못인가? 많은 위협은 실질적이며, 그런 위협이 낳는 두려운 감정은 자연스럽다. 2023년 질병통제센터의 데이터에 따르면 미국 여학생들의 절반 이상이 지난해에 "지속적인 슬픔이나 절망"을 경험했다. [3] 온갖 문제가 있는 세상을 볼 때 이런 조사 결과가 뜻밖일 수 있을까? 남자든 여자든, 나이가 적든 많든, 낙심하거나 우울해하는 사람을 비난할 수 있을까?

그레이시 터너의 간증을 들어 보라. 터너는 애즈버리대학에서 영화를 전공하는 학생이다. 그녀는 2023년 겨울 켄터키주 윌모어에 있는 자신의 대학 캠퍼스에서 일어난 영적 각성에 큰 영향을 받았다. 4년 동안 그녀는 믿는 친구들에게 말하지 못한 깊고도 어두운 비밀을 안고 있었다. 그녀는 기독교 신앙을 잃었다. 고등학생일 때 그녀는 친척들이 암으로 덧없이 세상을 떠나는 모습을 보았다. 가정 폭력도 보았다. 가정이 무너지는 모습도 보았다. 그러다 보니 하나님이 자신을 보호하시길 원하고 보호하실 수 있다는 믿음이 점점 사라졌다.

많은 젊은이들이 터너의 심정에 공감할 것이다. "왜 이런 일이 일어나는가 생각했던 기억이 난다. 어떻게 이런 일이 벌어질 수 있는가? 처음 생각난 비난의 대상은 바로 하나님이었다. 나는 침대에 누워서 다음 날 깨어나지 않으면 정말 좋겠다는 기도를 하곤 했다." [4]

예배에 꾸준히 참석하기는 했지만 터너는 예수님이 상황

을 회복시켜 주시리라는 믿음을 버린 지 오래였다. 그녀의 삶은 나아지기는커녕 더 힘들어지는 것만 같았다. 불안감은 그녀를 영적 한계까지 몰아갔다. 마침내 어느 주일 아침, 잠에서 깬 그녀는 룸메이트에게 불쑥 말했다. "오늘 우리 숙제하지 말고 예배당에 가면 어떨까?"[5]

성령의 능력으로 그레이시 터너는 살아 계신 하나님을 그곳에서 만났다. 그녀는 어쿠스틱 기타 소리와 학우들의 찬양 소리를 듣다가 갑자기 하나님의 사랑하고 보호하시는 임재를 느끼게 되었다. "나는 고꾸라졌다. 실로 오랜만에 누리는 진정한 쉼이었다. 평안을 느꼈다. 내가 보호받는 것을 느꼈다. 너는 이것을 놓치고 있었다고 하나님이 말씀하시는 것을 느꼈다."[6]

불안에 둘러싸일 때

주변의 위험이 지극히 실질적일 때 우리를 안전하게 지켜줄 사람이 있는지 의심에 빠지기 쉽다. 하지만 성부 하나님의 사랑 가득한 돌보심, 성자 하나님의 구속으로 인한 평안, 성령 하나님의 초자연적인 보호하심은 우리가 상상할 수 있는 것보다 훨씬 가까이에 있다. 이것을 알 수 있는 사례가 도단에서 엘리사의 종이 겪은 놀라운 경험이다.

이 성경 속 실화는 군사적 충돌이 발생하던 시대에 중동 지역에서 일어난 일이다. 수리아의 왕은 이스라엘 영토를 계속해서 공격했지만 그의 정복 계획은 번번이 실패로 돌아갔다. 어찌된 일인지 공격을 계획할 때마다 이스라엘 군대는 사전에 정확히 알고 있었다. 수리아 군대가 목표 지점에 도착해 보면 항상 이스라엘 군대가 이미 와 있었다.

수리아 왕의 계획이 실패하는 데는 이유가 있었다. 하나님이 그분의 백성을 보호하고 계셨기 때문이다. 열왕기하 6장을 보면 하나님의 선지자 엘리사가 이스라엘 첩보 작전을 이끌고 있었다.

> "하나님의 사람이 이스라엘 왕에게 보내 이르되 왕은 삼가 아무 곳으로 지나가지 마소서 아람 사람이 그곳으로 나오나이다 하는지라 이스라엘 왕이 하나님의 사람이 자기에게 말하여 경계한 곳으로 사람을 보내 방비하기가 한두 번이 아닌지라"(9-10절)

엘리사는 "이스라엘 최고의 방어선"이었다.[7] 마치 엘리사가 은밀하고도 지속적인 감시 아래에 적을 둔 것 같은 형국이었다. 하나님의 영 덕분에 그는 수리아 군대가 실제로 행동하기도 전에 무슨 궤계를 꾸미고 있는지 내부 정보를 알고 있었다. 이런 일이 반복되었다. 수리아 군대의 정황을 파악한 하나님은 그들의 계획을 그분의 선지자 엘리사에게 알려 주셨다. 그러면 엘리사는 적의 이동 경로를 이스라엘 왕에게 정확히 알렸다. 이스라엘 군대는 적의 공격을 피했고, 수리아 군대는 다시 공격에 실패했다.

그런 일이 반복되자 수리아 왕은 어딘가 보안이 뚫렸다는 것을 알아챘다. 다만 구멍이 어디인지를 알 수 없었다. 당연히 그는 배신자를 찾느라 혈안이 되었다. "우리 중에 누가 이스라엘 왕과 내통하는 것을 내게 말하지 아니하느냐"(11절). 그는 신하들을 불러 그렇게 물었고 한 사람이 용기를 내서 이렇게 대답했다. "우리 주 왕이여 아니로소이다 오직 이스라엘 선지자 엘리사가 왕이 침실에서 하신 말씀을 이스라엘의 왕에게 고하나이다"(12절).

수리아의 왕은 엘리사가 범인이라는 사실을 알자마자 그를 붙잡기로 마음먹는다. 생각해 보면 웃기는 일이다. 선지자가 왕의 행동을 항상 사전에 알고 있었다면 수리아인들이 자신을 잡으러 온다는 것도 당연히 알지 않겠는가. 그럼에도 인간적으로 말하면 엘리사는 큰 위험에 처했다. 수리아의 스파이들은 엘리사가 도단에 있다고 왕에게 알렸다. 정보를 입수하자마자 수리아 왕이 "말과 병거와 많은 군사를 보내매 그들이 밤에 가서 그 성읍을 에워"싼다(13-14절). 단지 선지자 한 명을 잡기 위해 대군이 파병되었다. 이것은 예수님이 배신당하던 날 밤 일어날 일을 예시한다. 우리 구주의 적들이 겟세마네 동산에 계신 그분을 체포하기 위해 찾아갔을 때 "큰 무리가 칼과 몽치를 가지고" 왔다고 기록되었다(마 26:47). 심지어 예수님은 아무런 무장도 하지 않았고 온 세상의 군대가 몰려와도 하나님의 전능하신 아들을 이길 수 없음에도 그들은 그렇게 했다. 엘리사 시대에도 하나님의 적들은 검으로 그분의 종을 제압하려 했다.

동이 텄을 때 도단은 포위당한 상태였다. 도단은 사방이 탁 트인 작은 산 위에 있는 조그마한 마을이다. 눈을 떠서 사방을 둘러본 엘리사의 종은 겁을 집어먹었다. 그럴 수밖에 없다. "하나님의 사람의 사환이 일찍이 일어나서 나가 보니 군사와 말과 병거가 성읍을 에워쌌는지라." 군대가 코앞까지 닥쳐 도망갈 길이 없어 보이는 이 두려운 순간에 엘리사의 종은 소리를 지른다. "아아, 내 주여 우리가 어찌하리이까"(왕하 6:15).

적들에게 포위되어 본 적은 없다 해도 이 종의 공포감은 충분히 공감할 수 있다. 때로 우리도 포위된 기분을 느낀다. 우리도 하나님이 우리를 안전하게 지켜 주실지 의심한다. 하나님이 두려워하는 우리를 안전하게 지켜 주실까? 고통에서 안전하게 지켜 주실까? 우리를 해하려는 자들에게서 안전하게 지켜 주실까? 우리는 영적 위험도 마주하곤 한다. 예를 들어 사탄이 우리의 지친 영혼을 괴롭히기 위해 보내는 불안한 생각과 무시무시한 시험의 공격을 당할 때가 있다. 앤드루 피터슨은 찬송가 도입부에서 이 점을 솔직하게 노래한다.

> 이 모든 세월이 지나면
> 내 모든 두려움을 내려놓을 줄 알았건만
> 여전히 두렵도다[8]

기독교 신앙에 점점 적대적으로 변해 가는 세상도 우리를 두렵게 만든다. 예수님의 이름을 외치거나, 인간의 성을 설계하신 하나님을 솔직히 말하거나, 사회적 불평등에 맞서 목소리를 높이거나, 구원으로 가는 길은 하나밖에 없다고 주장하려면 위험이 따른다. 중국이나 수단, 튀르키예, 인도, 북한처럼 교회가 탄압을 받고 그리스도인들이 감시를 당하며 목사들이 투옥되는 곳에서는 위험이 더 크다. 어두운 곳에서는 영적 위험이 분명하다. 선교학자 로버트 린치쿰은《하나님의 도시, 사탄의 도시》(*City of God, City of Satan*)에서 자신이 캘커타에서 겪은 영적 압제를 이야기한다.

> 영이 … 악한 힘처럼 도시를 사로잡고 그 위를 맴돌았다. 도

시의 지독한 가난, 거리의 사람들이 내몰린 모욕적인 삶, 부자들과 도시의 시스템과 구조가 이 모든 것을 무시해 온 행태가 이제 이해가 갔다. 강한 악의 존재가 이 도시를 뒤덮어 자신의 노예로 삼았다.[9]

성경이 말하는 것은 사실이며 우리는 이것을 경험으로 안다. 그렇다. 우리는 "우리의 씨름은 혈과 육을 상대하는 것이 아니요 통치자들과 권세들과 이 어둠의 세상 주관자들과 하늘에 있는 악의 영들을 상대함이라"(엡 6:12)라는 사실을 안다. 이렇게 힘든 세상에서 우리는 때로 이렇게 의심한다. "누가 이 모든 위험에서 우리를 안전하게 지켜 줄 수 있을까?" 우리는 사랑하는 사람들에게 변고가 일어날까 걱정하기도 한다. 불안 가운데 우리는 엘리사의 종처럼 말한다. "아아, 내 주여 우리가 어찌하리이까?"

천사를 보내 보호하시는 하나님

엘리사는 조금도 두렵지 않았다. 눈앞의 위험을 몰라서가 아니다. 기억하는가? 그는 수리아 군대가 꾸미는 일을 언제나 미리 알고 있었다. 이번에도 그들이 자신을 잡으러 온다는 사실을 알았을 것이다. 이 일을 사전에 알았든 알지 못했든 엘리사도 자신이 포위당한 것을 보았다. 하지만 위험에도 불구하고 하나님의 충성스러운 이 선지자는 하나님이 자주 말씀하신 명령을 기억하고 그 명령을 자신의 종에게 그대로 사용했다. "두려워하지 말라"(왕하 6:16). 이것이 절박한 환경과 위험한 상황에 처한 모든 백성을 위로하며 주시는 하나님의 메시지다. 두려워하지 말라! 두려워할 이유가 전혀 없다.

어째서 엘리사는 전혀 흔들리지 않았을까? 어떻게 그는 눈앞의 위험을 보고도 두려움에 떨지 않을 수 있었을까? 간단히 말해, 그는 믿는 자로서 수많은 천사의 보호를 받고 있다는 것을 알았다. 살아 계신 하나님이 거느리시는 무적의 군대가 그를 철통같이 보호하고 있었다. 그는 종에게 "우리와 함께한 자가 그들과 함께한 자보다 많으니"(왕하 6:16) 두려워하지 말라고 한다. 하지만 엘리사의 종은 여전히 그 상황을 볼 수 없었다. 종은 엄청난 수적 열세에 처했다고 생각했다. 하지만 종이 상상도 할 수 없을 만큼 엘리사와 종은 완벽한 보호를 받고 있었다.

성경은 천사들의 실재를 자주 증언한다. 하나님의 엄청난 무적 대군이 실제로 존재한다. 야곱이 에서를 만나러 갔던 상황을 보자. 자신이 배신했던 형이 강력한 전사가 되었기 때문에 야곱은 불안에 떨고 있었다. 그런데 성경은 "하나님의 사자들이 그〔야곱〕를 만난지라"라고 말한다. 야곱은 그들을 보고 "이는 하나님의 군대라"라고 외쳤다(창 32:1-2).

군대에 관해서 누구보다 잘 알았던 다윗 왕은 하늘의 군대를 세우려고 하다가 불가능하다는 것을 알았다. 그 까닭은 이러하다. "하나님의 병거는 천천이요 만만이라"(시 68:17).

다윗은 이 강한 군대가 모든 믿는 자를 보호한다는 것을 알았다. "여호와의 천사가 주를 경외하는 자를 둘러 진 치고 그들을 건지시는도다"(시 34:7). 그는 또 이렇게 말한다.

> "그가 너를 위하여 그의 천사들을 명령하사 네 모든 길에서 너를 지키게 하심이라 그들이 그들의 손으로 너를 붙들어…"(시 91:11-12)

그분의 백성을 안전하게 보호하시는 하나님의 특별한 방식 중 하나는 수호천사들을 보내 주시는 것이다. 따라서 엘리사가 도단에서 본 것 자체는 특별하지 않다. 물론 그가 두 눈으로 직접 보았다는 점은 특별하다. 하나님의 군대가 그 휘황찬란한 위용을 모두 드러낸 모습을 생전에 본 사람은 거의 없기 때문이다. 하지만 그 군대는 항상 존재한다. 우리를 위하는 자가 우리를 대적하는 자보다 훨씬 많다. 하나님이 마음대로 부리시는 천사가 셀 수 없이 많기 때문이다. 존 밀턴이 쓴

서사시를 보면 가장 유명한 소네트에 이런 대목이 나온다. "그분의 명령에 무수히 많은 자들이 내달리네."[10] 이 무수히 많은 하나님의 사자들은 하나님의 자상한 돌보심을 우리에게 전할 때는 온화하고, 치명적인 적들에게서 우리를 보호할 때는 용맹하다. 우리는 천사들을 볼 수 없지만 그들은 실재한다. 어느 주석가는 이렇게 썼다.

> 우리가 이 세상에서 보고 듣고 만지고 맛보고 냄새를 맡을 수 있는 것보다 더 실질적이고 더 사실적인 현실의 영역이 있다. 이 영역은 우리 주변을 온통 둘러싸고 있다. 저기 어딘가에 있는 것이 아니라 바로 **여기에** 있다. 세상의 그 어떤 힘도 상대가 되지 않는 천사들의 군대를 우리가 부릴 수 있다. … 하나님과 그분의 천군은 우리 주변 모든 곳에 있다. 그야말로 우리 주변을 둘러 불을 형성하고 있다. 우리의 자연적인 눈으로는 그들을 볼 수 없지만 우리가 보든 보지 못하든 그들은 엄연히 존재한다. 지구는 그들로 꽉 차 있다.[11]

사실, 기도 한 번이면 하나님의 활활 타오르는 사자들이 우리에게 달려온다. 이것이 엘리사의 종이 도단에서 경험한 일이다. 그의 눈에 보이는 것은 적군뿐이었다. 이에 엘리사는 종의 시각을 바꿔 달라고 하나님께 기도했다. "여호와여 원하건대 그의 눈을 열어서 보게 하옵소서." 그러자 하나님은 즉시 선지자의 기도에 응답해 주셨다. "여호와께서 그 청년의 눈을 여시매 그가 보니 불말과 불병거가 산에 가득하여 엘리사를 둘렀더라"(왕하 6:17). 처음에는 아무것도 보이지 않았는데 눈이 뜨이고 나자 천사의 수는 상상을 넘어설 만큼 많았다. 종은 적들에게 둘러싸였다고 생각했지만 사실은 하나님이 임명하신 종을 지키기 위해 완전 무장을 갖춘 하나님의 강한 천사들에게 둘러싸여 있었다.

종의 눈을 열어 하나님의 빛나는 사자들을 보게 한 것은 기도였다. 종의 경험은 우리가 중보기도를 통해 보이지 않는 영적 현실을 보게 된다는 사실을 가르쳐 준다. 천사들은 늘 있었다. 하지만 종이 엘리사처럼 보기 위해서는 성령 하나님이 그의 눈을 열어 주셔야 했다. 이 일은 기도의 응답이었다. 우리도 세상 속에서 벌어지는 하나님의 역사를 보고 싶다면 엘리사의 기도를 해야 한다.

"오, 주님, 우리의 눈을 열어 주소서! 우리의 눈을 열어 주님의 수호천사들이 하는 일을 보게 하소서. 우리의 눈을 열어 주님이 계심을 보게 하소서. 우리의 눈을 열어 주님이 우리를 대적하는 것이 아니라 우리를 위하신다는 사실을 보게 하소서. 우리의 눈을 열어 주님이 세상만사를 다스리심을 보게 하소서. 우리의 눈을 열어 주님이 우리를 보호하기 위해 우리와 함께 계심을 보게 하소서."

보호하심을 믿고 예수를 위해 살다

하나님의 초자연적인 보호하심을 알면 삶의 방식이 180도 달라진다. 먼저, 예수님을 위해서 살기도 하고 죽기도 하겠다는 확신을 갖게 된다. 이 확신은 하이델베르크 요리문답 첫 번째 질문의 답에 아름답게 표현되어 있다. 이것은 모든 그리스도인이 외워야 할 답이다. 질문은 이렇다. "살아서나 죽어서나 당신의 유일한 위안은 무엇입니까?" 이어서 인생을 변화시키는 답변이 나온다.

> 살아서나 죽어서나 나는 나의 것이 아니요, 몸도 영혼도 나의 신실하신 구주 예수 그리스도의 것입니다.
> 그분은 보혈로 나의 모든 죗값을 온전히 치르고 나를 마귀의 억압에서 구해 내셨습니다. 또한 하늘에 계신 내 아버지의 뜻이 아니면 내 머리에서 머리카락 한 올도 떨어지지 않도록 나를 지켜보십니다. 참으로 모든 것이 합력하여 나의 구원을 이룹니다.
> 나는 그분의 것이기 때문에 그리스도께서는 그분의 성령으로

내게 영생의 확신을 주시고 지금부터 기꺼이 온 마음으로 그
분을 위해서 살게 하십니다.[12]

하나님의 초자연적인 보호하심을 믿으면 엘리사처럼 원
수를 사랑할 힘도 생긴다. 그날 도단에서 하나님은 수리아 군
대의 운명을 엘리사의 손에 넘기셨다. 아이러니하게도 그날
종의 눈을 열어 주신 하나님은 수리아 군대의 눈은 멀게 하셨
다. 엘리사는 그들을 멸절시킬 수 있었지만 그들을 평화롭게
이끌어 풍성한 잔치를 베풀어 준 후에 고향 수리아로 돌려보
냈다(왕하 6:18-23). 엘리사는 이렇게 함으로써 성경의 명령을
따랐다.

"네 원수가 배고파하거든 음식을 먹이고 목말라하거든 물을
마시게 하라"(잠 25:21; 롬 12:20 참조)

또한 엘리사는 우리에게 복음을 보여 주고 있다. 성경은
"우리가 원수 되었을 때에 그의 아들의 죽으심으로 말미암아
하나님과 화목하게 되었은즉"(롬 5:10)이라고 말한다. 예수님
은 우리가 더 이상 하나님의 원수가 아니라 친구라는 점을 보
여 주기 위해 주의 만찬에서 우리와 함께 앉으셨다.

우리 구주께서 우리를 사랑으로 받아 주신 사실을 생각하

면 예수님의 이름으로 원수를 사랑할 용기를 내야 한다. 교회 밖 세상이 우리의 분노를 느끼고 우리의 멸시를 감지할 때가 너무도 많다. 복음을 믿지 않는 자들이 우리가 자기 의를 내세우며 내보이는 경멸을 느끼기도 한다. 그들이 우리의 사랑과 자비를 경험하는 경우는 너무도 드물다. 하지만 우리가 예수님 안에서 얼마나 안전한지 알면 그분의 환대를 본받는 모험을 할 수 있다. 우리도 하나님께 반역했던 자이기에 우리를 거부하는 자들까지 품을 수 있다. 성령은 우리를 적들에게서 안전하게 지키시는 것 이상을 원하신다. 그분은 우리가 사랑으로 그들을 그리스도께 인도하기를 원하신다.

마지막으로, 하나님의 영원하고도 초자연적인 보호하심을 믿으면 어떤 대가를 치르더라도 세상 속으로 나가 복음을 전할 수 있다. 이와 관련해서 오늘날 와우라니(Huaorani)로 알려진 토착민에게 복음을 전하기 위해 1955년 에콰도르 정글 깊숙이 들어갔던 용감한 선교사들보다 더 좋은 사례는 찾기 힘들다. 짐과 엘리자베스 엘리엇 부부, 네이트와 마조리 세인트 부부, 에드와 마릴로스 맥컬리 부부, 피트와 올리버 플레밍 부부, 로저와 바버라 유더리안 부부. 이는 하나님과 그분의 백성에게 더없이 귀한 이름들이다. 그들이 아우카 작전이라고 부른 선교 사역은 1956년 1월 8일에 다섯 남자들이 쿠라라이 강둑에서 죽음을 맞으며 끝나고 말았다.

하지만 이 이야기는 거기서 끝나지 않는다. 몇몇 아내들이 용감하게 그 부족을 다시 찾아갔고 원수들에게 사랑을 베풀었으며 많은 이들을 그리스도께로 이끌었다. 40년 뒤 네이트 세인트의 아들 스티브는 에콰도르로 돌아가 자신의 아버지를 살해한 사람들을 찾아갔다. 그들은 원수였으나 복음을 통해 친구가 된 사람들이다. 이들은 스티브에게 놀라운 말을 해 주었다. 선교사들이 살해를 당한 뒤 몇몇 부족 사람들이 나무 꼭대기 위에서 수많은 이상한 사람들을 보고 그들의 소리를 들었다는 것이다. 그들의 언어로 '낯선 자들'을 의미하는 '코워디'(cowodi)는 움직이면서 노래했다. 그들은 깜박임이 없는 광채를 발했으며 정글 속의 그 어떤 반딧불이보다 밝게 빛났다. 와우라니 부족은 그들이 초자연적 존재임을 알 수 있었다. '코워디'는 자기 부족의 신들처럼 두려운 존재가 아니라 평화롭고 아름다운 영적 현실의 증거였다. 이후 성경을 배우고 예수 그리스도를 영접한 이들은 자신들이 죽였던 선교사들을 영광 속으로 데려간 수호천사들을 보았음을 깨달았다.[13]

우리가 알든 모르든 하나님은 요람에서 무덤까지, 그리고 영광에 이르기까지 우리를 지켜보고 계신다. 우리가 보든 보지 못하든 수호천사들은 하나님이 우리를 돌보시는 방법 중 하나다. 우리가 거룩하신 하나님을 찬양할 때 우리 주변에 온통 천사들이 가득하다는 사실을 의심하지 말고 믿으라. 하나님의 초자연적인 보호하심을 믿으면 우리도 예수님을 위해 살기도 하고 죽기도 하고, 원수를 사랑하고, 복음을 들어 본 적 없는 사람들에게 복음을 전하기 위해 어떤 희생도 감수할 수 있게 된다.

하나님은 우리를 항상 보호하고 구하고 지켜 주겠노라 약속하셨다. 이 약속을 믿을 때 우리도 다윗 왕처럼 간증할 수 있다. 엘리사와 그의 종이 음악에 소질이 있었다면 이런 노래를 불렀을지 모른다.

"군대가 나를 대적하여 진 칠지라도 내 마음이 두렵지 아니하며 전쟁이 일어나 나를 치려 할지라도 나는 여전히 태연하리로다 / 여호와께서 환난 날에 나를 그의 초막 속에 비밀히 지키시고 그의 장막 은밀한 곳에 나를 숨기시며 높은 바위 위에 두시리로다"(시 27:3, 5)

5.

하나님의
후하심이
의심될 때

"가난과 불행에서 벗어날 길이 안 보여."

나오미가 그들에게 이르되 나를 나오미라 부르지 말고
나를 마라라 부르라 이는 전능자가 나를 심히 괴롭게 하셨음이니라
내가 풍족하게 나갔더니 여호와께서 내게 비어 돌아오게 하셨느니라
여호와께서 나를 징벌하셨고 전능자가 나를 괴롭게 하셨거늘
너희가 어찌 나를 나오미라 부르느냐 하니라

룻기 1:20-21

하나님이 계신다고 해도 우리에게 신경이나 쓰시겠는가? 정말 사람들 말처럼 하나님은 후하신 분인가? 때로 우리는 이런 의심을 품는다.

볼테르는 확실히 의심하고 있었다. 1755년 대지진이 리스본을 강타하여 수만 명의 목숨을 앗아가자 이 프랑스 계몽주의 철학자는 자연 재해가 선하신 하나님의 주권적인 다스

림 아래 있다고 어떻게든 주장하려는 신학자들을 조롱했다. 그는 유명한 〈리스본 재난에 관한 시〉에서 다음과 같이 썼다.

> 이보시오, "다 괜찮아"라고 외치는 철학자들이여,
>
> 세상의 이 파괴를 생각해 보시오…
>
> 저 죽어 가는 고통의 소리들을 향해,
>
> 저 끔찍한 비통의 광경을 향해,
>
> 그대들은 이렇게 대답할 거요? "당신들은 하나님의 뜻을 구속
>
> 하는 철칙을 보여 주는 사례요."[1]

볼테르는 누구라도 이런 재난을 겪으면 하나님이 모든 것이 협력하여 선을 이루게 하신다고 감히 주장할 수 없으리라 말했다. 볼테르 안에서 기독교와 그리스도를 반대하는 마음이 점점 강해졌다. 마침내 그는 "기독교라는 종교는 사람을 개선시키는 자비롭고 호의적인 초대가 아니라 모든 악의 저자가 사람에게 내린 천벌처럼 보일 수 있다"라고 믿게 되었다.[2]

하지만 회의주의자들과 무신론자들만 하나님의 선하심을 의심하는 것이 아니다. 그리스도인들도 의심을 품고 있다. C. S. 루이스는 《고통의 문제》에서 하나님의 선하심이라는 문제와 씨름한 것으로 유명하다. 그는 이 책에서 하나님의 방식이 옳음을 설명하려 노력했는데 하나님의 후하심을 반대하는

주장에 답변하기 전에 그 주장을 삼단논법으로 제시했다. "하나님이 선하시다면 모든 피조물을 완벽히 행복하게 만드실 것이고, 그분이 전능하시다면 그분이 원하시는 대로 하실 수 있을 것이다." 하지만 피조물들은 행복하지 않다. 따라서 하나님은 선하지 않은 분이거나 능력이 없는 분, 아니면 선하지도 않고 능력도 없는 존재다.[3]

살다 보면 누구나 악의 실재 및 고통의 문제와 씨름할 때가 있다. 때로 주변에서 악을 목격하고 피해자들에게 연민을 느끼기 때문에 의심이 생겨난다. 홍수가 나고 건물이 무너질 때, 폭탄이 떨어져 주민들이 목숨을 건지려고 도망칠 때, 질병과 죽음이 온 세상에 퍼질 때 하나님은 도대체 어디에 계신다는 말인가? 2004년 인도양에서 쓰나미가 발생해 20만 명 이상의 인명을 앗아가자 아시아의 한 신문사는 C. S. 루이스가 다루었던 논리대로 주장했다. "하나님이 정말 하나님이라면 그는 분명 선하지 않다. 하나님이 선하다면 그는 하나님이 아니다. 특히 인도양의 대재앙이 일어난 상황에서, 선하면서도 하나님인 존재는 있을 수 없다."[4]

개인적인 불행을 당해 의심이 생기는 경우도 그에 못지않게 많다. 그럴 때 우리는 이런 생각을 하기 쉽다. '하나님이 내게 선하시다면 이런 일이 일어날 리가 없어.' 하나님의 후하심에 대한 믿음은 상황에 따라 달라지는 경향이 있다. 일이 잘

풀릴 때면 하나님이 선하시다고 믿기 쉽다. 하지만 자주 그렇듯이, 일이 잘 풀리지 않으면 우리는 의심을 품는다.

악몽 같은 불행을 겪을 때

베들레헴으로 가는 나오미를 만나 보자. 이 늙은 여인은 깊은 슬픔과 낙심에 빠져 있다. 그녀에게 일어난 일을 알고 나면 그 이유를 이해할 수 있다.

나오미는 적지 않은 고난을 겪었다. 극심한 가뭄이 닥치자 나오미와 남편 엘리멜렉은 고향 이스라엘을 떠나 다른 나라 모압으로 피했다. 먹고살기에 충분한 식량은 구할 수 있었지만 오래지 않아 엘리멜렉이 세상을 떠나는 바람에 나오미는 과부가 되었다. 그래도 혼자 생계를 꾸려 나갈 수는 있었다. 그녀의 두 아들은 모압 여성과 결혼했고 10년 동안은 꽤 호시절이 이어졌다.

그러다 다시 재난이 이 가족을 강타했다. 이유는 모르겠지만 나오미의 아들이 '둘 다' 죽었다. 자식의 죽음은 부모에게 가장 고통스러운 상실이다. 하지만 고대 세계에서 이런 시련은 개인적인 상실감을 넘어선다. 남성 가족의 보호를 받지 못하는 여성은 더 취약한 상태에 내몰렸다. 이것이 과부들을 돌보라고 성경이 특별히 강조하는 이유 중 하나다. 하나님이 그분의 백성을 통해 과부들을 돕지 않는다면 누가 돕겠는가?

나오미는 상실의 고통으로 괴로워하다가 타향살이를 그만두고 고향 베들레헴으로 돌아가기로 결심한다. 고향의 기근이 끝났다는 소식도 들려왔고 고향 사람들도 보고 싶었다. 그런데 뜻밖에도 며느리인 룻과 오르바도 함께 가겠다고 나선다. 하지만 그들은 이스라엘 사람이 아니라 모압 사람이었기 때문에 나오미는 그들에게 돌아가라고 말한다. "너희는 각기 너희 어머니의 집으로 돌아가라 너희가 죽은 자들과 나를 선대한 것같이 여호와께서 너희를 선대하시기를 원하며 여호와께서 너희에게 허락하사 각기 남편의 집에서 위로를 받게 하시기를 원하노라"(룻 1:8-9). 분명 나오미는 하나님이 계시다고 여전히 믿고 있었다. 사랑하는 며느리들이 사랑과 평안의 복을 받게 해 달라고 하나님께 요청한 것으로 보아 알 수 있다.

하지만 계속해서 이어진 대화를 보면 나오미의 영적 상태는 건강하지 못함을 알 수 있다. 룻과 오르바는 돌아가지 않겠다고 말했다. 그들은 고향 모압으로 돌아가기보다 나오미와 함께 베들레헴으로 가고자 했다. 그러자 나오미는 이런 씁쓸한 말을 쏟아 냈다.

"내 딸들아 돌아가라 너희가 어찌 나와 함께 가려느냐 내 태

중에 너희의 남편 될 아들들이 아직 있느냐 내 딸들아 되돌아 가라 나는 늙었으니 남편을 두지 못할지라 가령 내가 소망이 있다고 말한다든지 오늘 밤에 남편을 두어 아들들을 낳는다 하더라도 너희가 어찌 그들이 자라기를 기다리겠으며 어찌 남편 없이 지내겠다고 결심하겠느냐 내 딸들아 그렇지 아니하니라 여호와의 손이 나를 치셨으므로 나는 너희로 말미암아 더욱 마음이 아프도다"(룻 1:11-13)

나오미는 룻과 오르바에게 줄 것이 하나도 남지 않았다. 행복한 가정도 줄 수 없었고 새 가정을 꾸릴 남편도 줄 수 없었다. 하지만 나오미의 진짜 불평거리는 전능하신 하나님이 자신을 못살게 군다는 것이었다. 그녀는 하나님이 계신다는 것은 알았지만 사실 그것이 문제였다. 그녀가 의심한 것은 자신을 향한 하나님의 후하심과 선하심이었다. 하나님의 존재를 의심하지는 않았다. 그분의 성품을 의심했다. '하나님이 계실지 모르지만 과연 내게 신경이나 쓰실까?' 우리가 때로 그러는 것처럼 나오미도 회의에 빠졌다.

나오미가 하나님의 선하심을 부인하고 있다는 사실은 룻기 1장 끝부분에서 더 분명해진다. 마침내 나오미는 베들레헴에 돌아왔고 옛 이웃들은 그녀를 거의 알아보지 못했다. 이웃들은 그녀를 보고 수군거렸다. "이이가 나오미냐"(룻 1:19). 나이를 먹고 세파에 찌들어 외모가 너무 변한 탓에 눈앞에 있는 사람이 정말 나오미라고 믿을 수 없었다. 이에 나오미는 자신의 이름을 부정한다. '나오미'는 '즐거움'이란 뜻인데 현재 상황에서는 그 이름이 너무도 어울리지 않았다. 오히려 '쓰라림'을 의미하는 히브리어 '마라'가 더 어울렸다. 그래서 나오미는 고향 사람들에게 자기 이름을 바꿔 불러 달라고 요구한다.

> "나를 나오미(즐거움)라 부르지 말고 나를 마라(쓰라림)라 부르라 이는 전능자가 나를 심히 괴롭게 하셨음이니라 내가 풍족하게 나갔더니 여호와께서 내게 비어 돌아오게 하셨느니라 여호와께서 나를 징벌하셨고 전능자가 나를 괴롭게 하셨거늘 너희가 어찌 나를 나오미라 부르느냐"(룻 1:20-21)

실로 엄청난 말이다. 성경은 선량한 베들레헴 사람들이 어떻게 반응했는지 말하지 않지만 나오미의 말에 충격을 받아 아무 말도 못했으리라 짐작해 볼 수 있다. 하나님의 선하심을 이보다 더 심하게 부정하는 말을 그들은 여태껏 들어 보지 못했을 것이다. 나오미는 전능자께서 자신의 것을 빼앗아 갔으며, 못살게 굴었고, 삶을 불행하게 만들었다고 비난했다. 하나님이 정말로 우리를 위하시는가? 그분은 진정 우리가 잘되기를 바라시는가? 그분은 정말 모든 것이 합력하여 우리의 선이 되도록 하시는가? 나오미는 이 모든 것을 의심했다. 그녀가 볼 때 하나님은 자신의 삶에 모든 불행을 가져온 장본인이었다.

이런 기분을 느낀다 해서 나오미에게 손가락질할 수는 없다. 솔직히 우리도 남몰래 공감하고 있다. 우리도 의심을 품고 있다. 우리도 사랑하는 사람을 잃었다. 우리도 재정적으로 힘들다. 우리도 희망이 치솟았다가 물거품처럼 흩어지는 일을 겪었다. 우리도 원하는 것과 필요한 것, 누려야 마땅해 보이는 것을 얻지 못했다. 우리도 오랫동안 만성질환에 시달렸다. 우리도 꿈을 이루지 못하고 오히려 악몽 같은 삶을 살다가 그 현실을 어쩔 수 없이 받아들였다. 하나님은 선하시지 않은 것이 분명하다. 옛 주일학교 찬양 가사에서 단어 하나를 바꾸면 우리의 쓰디쓴 상황에 더 어울려 보인다.

좋지 않으신 하나님,

좋지 않으신 하나님,

참 좋지 않으신 하나님

원망 가득한 삶에 베푸신 은혜

이 쓰디쓴 가락에 따라 노래를 부르는 한, 나오미는 사람들과 잘 어울리지 못했을 것이 분명하다. 매사에 불평하는 사람 곁에 있으면 진이 빠진다. 불평하는 사람만 힘든 것이 아니라 주변 모든 사람이 힘들어진다.

나오미의 원망 가득한 마음을 볼 때 룻의 결단은 더더욱 놀랍다. 시어머니는 룻에게 그의 고향에 남으라고 말했지만 룻은 성경에서 놀라운 맹세 가운데 하나를 남긴다. 다들 입만 열면 불평불만을 쏟아내는 나오미를 슬슬 피하고 있었다. 하지만 룻은 말한다. "내게 어머니를 떠나며 어머니를 따르지 말고 돌아가라 강권하지 마옵소서 어머니께서 가시는 곳에 나도 가고 어머니께서 머무시는 곳에서 나도 머물겠나이다 어머니의 백성이 나의 백성이 되고 어머니의 하나님이 나의 하나님이 되시리니 어머니께서 죽으시는 곳에서 나도 죽어 거기 묻힐 것이라"(룻 1:16-17). 이렇듯 룻은 시어머니뿐 아니라 참되고 살아 계신 하나님께 담대한 헌신을 약속했다.

룻의 약속은 나오미에게 생명을 주는 축복이었다. 의심을 품은 사람들은 꼭 자신의 모든 질문에 답해 줄 사람이 필요한 것이 아니다. 그들이 원하는 것은 틀에 박힌 조언이 아니다. 아무리 좋은 조언도 귀에 들어오지 않을 수 있다. 그들은 자신을 끝까지 버리지 않을 믿음의 친구가 필요하다. 믿음이 약해질 때 곁을 지켜 줄 사람이 필요하다. 베들레헴으로 돌아가는 나오미의 곁을 룻이 지켰듯, 그들에게는 살아 계신 하나님에 대한 믿음의 본을 사랑으로 보여 줄 누군가가 필요하다.

우리의 믿음이 강하다면, 영적으로 흔들리는 친구들에게서 등을 돌리지 말고 끝까지 함께해야 한다. 그러면 하나님이 어떤 역사를 행하시는지 보게 된다. 키스 존슨은 자비를 베푸는 것이 다음과 같다고 주장한다.

> 자비를 베푼다는 것은 의심을 품은 사람이 질문과 문제를 붙들고 씨름하는 내내 그와 함께 있어 주는 것을 의미한다. 그리스도인들은 힘들고 불편하다는 이유로 의심하는 자들에게 거리를 둔다. 하지만 의심과 씨름하는 사람을 혼자 걷게 놔둬서는 안 된다. 의심하는 자들을 찾아가 바로잡겠다는 마음이 아니라 사랑하고 격려해 주겠다는 목표로 그들을 품어야 한다.[5]

힘든 시기에 함께 나란히 걸으면 놀라운 일이 일어난다. 하나님의 사랑과 선하심을 경험하게 된다. 룻의 결심은 나오미에게 인간적인 사랑 그 이상을 보여 주었다. 즉 하나님의 사랑을 보여 준 것이다. 나오미는 슬픔에 젖어 있었다. 그녀는 빈털터리였다. 하나님이 자신을 미워하신다고 느꼈다. 하지만 냉소적으로 불평하는 순간에도 하나님은 이미 그분의 풍성한 은혜를 보여 주는 역사를 시작하셨고 그 과정에서 그녀의 며느리를 사용하셨다. 나오미가 아직 그 역사를 보지 못하고 있었을 뿐이다.

나오미가 등을 돌려 떠나가는 순간에도 하나님은 언제나 그렇듯이 그녀를 가까이 끌어당기기 위해 손을 뻗고 계셨다. 의심을 품은 사람들을 하나님보다 오래 참아 주시는 분은 없다. 하나님은 "어떤 의심하는 자들을 긍휼히 여기라"라는 자신의 말씀을 누구보다도 더 철저히 실천하신다(유 22절). 이스라엘의 시인들이 은밀한 의심을 표출하는 시편에서도 이것을 볼 수 있다. 시인들은 이렇게 묻는다. "여호와여 어찌하여 멀리 서시며 어찌하여 환난 때에 숨으시나이까"(시 10:1). "여호와여 어느 때까지니이까 나를 영원히 잊으시나이까"(시 13:1). "하나님이여 주께서 우리를 버리지 아니하셨나이까"(시 108:11). 하지만 시편 기자들은 하나님의 역사가 시작되었다는 것을 알고 그분의 선하심에 대한 소망을 노래로 표현한다.

"여호와여 주는 겸손한 자의 소원을 들으셨사오니 그들의 마음을 준비하시며 귀를 기울여 들으시고"(시 10:17)

"내가 여호와를 찬송하리니 이는 주께서 내게 은덕을 베푸심이로다"(시 13:6)

　나오미의 이야기에는 하나님의 후하심을 보여 주는 증거가 많다. 관심을 기울이면 우리 자신의 이야기에서도 하나님의 자비에 관한 증거들을 찾을 수 있다. 나오미는 사랑하는 이들을 잃는 아픔을 겪었지만 그녀의 곁에는 룻이 있었다. 하나님은 그녀를 가족 없이 홀로 내버려 두시지 않았다. 하나님은 그녀에게 자매보다 가까이 다가오는 며느리를 주셨다. 나오미는 자신이 빈털터리라고 말했다. 하지만 주목할 점은 하나님의 섭리로 그녀가 "보리 추수 시작할 때에" 베들레헴에 도착했다는 사실이다(룻 1:22). 성경은 사소해 보이는 내용 하나까지도 허투루 적지 않는다. 추수철에 돌아왔다는 사실은 이어지는 모든 사건의 전제 조건이다. 나오미는 자신이 빈털터리라고 느꼈지만 사실 그녀는 풍성한 땅으로 가고 있었다. 하나님은 그녀가 도착할 즈음에 그 땅의 곡식이 무르익도록 준비시키셨다. 아무리 스스로 빈털터리라고 여겨도 하나님의 계획은 이미 진행되고 있었다. 그녀는 이미 풍성함을 향해 가고 있었다.

　이 이야기의 끝 부분에서 룻은 보아스라는 새 남편을 만나게 된다. 덕분에 나오미도 가문의 땅을 회복시켜 줄 사람을 찾았다. 룻과 보아스는 훗날 다윗 왕의 할아버지가 될 아들을 선물로 받는다. 나오미는 빈손으로 이 여행을 시작했을지 모르지만 하나님은 계획을 마무리하실 즈음 나오미가 사랑하고 소중히 여길 손자를 품에 안게 하셨다(룻 4:16 참조). 이제 그녀는 하나님이 자신을 언제나 더없이 선하게 대하셨다는 사실을 깨달았다.

지금 실망스러운 일로 의심을 품고 있는가? 하나님은 우리를 위해 후한 계획을 세우고 계신다. 대개 하나님의 선하신 목적은 훗날 돌아보면 더 분명하게 보인다. 뒤돌아보면 더 잘 보이지만 그것을 미리 믿겠다고 선택할 수 있다. 사실 나오미는 하나님이 손자를 주실 때까지 기다릴 필요도 없었다. 베들레헴으로 돌아오는 길에서도 하나님의 선하심을 믿을 수 있었다. 우리도 기다릴 필요가 없다. 하나님의 계획을 알기 전에도 우리의 구속을 위한 그분의 계획을 믿을 수 있다. 특히 하나님이 과거에 우리를 위해 해 주신 일을 기억하면 더더욱 그렇게 할 수 있다. 성경은 "모든 것이 합력하여 선을 이루느니라"라고 말한다(롬 8:28). 우리는 뒤돌아볼 때만이 아니라 무릎을 꿇을 때 이 진리를 믿을 수 있다. 지금 하나님을 잘 알아야 그분이 선한 결말을 주시리라 믿을 수 있다.

미리 믿는다는 원칙의 궁극적인 근거는 바로 그리스도의 십자가다. 예수님이 십자가에 달려 돌아가시는 순간에는 분명 악이 승리한 것처럼 보였다. 하나님의 모든 계획은 수포로 돌아간 듯 보였을 것이다. 하지만 예수님의 죽음은 곧 죽음의 죽음이요 사탄의 실패이며 우리 모든 죄의 마지막이었다. 심지어 병사들이 예수님을 갈보리로 끌고 가는 중에도 하나님은 세상의 구원으로 이어질 계획을 실행하고 계셨다. 하나님의 독생자를 살해하는 궁극의 악조차도 모든 것을 합력하여 선을 이루기 원하시는 하나님의 능력을 벗어나지 않았다. 예수님은 무덤에서 일어나기 사흘 전, 갈보리로 가는 길에서 이미 이것을 믿으셨다. "그는 그 앞에 있는 기쁨을 위하여 십자가를 참으사 부끄러움을 개의치 아니하시더니"(히 12:2). 예수님은 성령 하나님의 부활의 능력으로 이 믿음을 끝까지 지키셨다.

하나님의 선하심에 어떤 의심이 생기더라도 그리스도 안에서 하나님이 가장 큰 고통을 감내하셨던 갈보리로 그 의심을 가져가야 한다. 팀 켈러는 "왜 하나님은 악과 고통이 계속되게 허용하시는가?"라는 질문을 십자가의 관점에서 던질 때 어떤 일이 일어나는지를 기술한다. "답이 무엇인지는 여전히 알지 못한다. 하지만 이제 무엇이 답이 아닌지는 안다. 하나님이 우리를 사랑하시지 않는 것이 절대 아니다. 그분이 우리의 상황에 무관심하거나 초연하신 것이 절대 아니다. 하나님은 우리의 불행과 고통을 기꺼이 감당하실 만큼 심각하게 여기신다."[6] 조지 맥도널드도 이와 비슷하게 구주의 고난과 우리의 고난을 연결시켰다. "하나님의 아들은 인간들이 고난을 당하지 않게 하려는 것이 아니라 그들의 고난이 그분의 고난과 같아지고 그들이 그분처럼 완벽에 이르도록 죽기까지 고난을 당하셨다."[7] 예수님이 십자가 위에서 우리를 위해 하신 일을 믿는다면 우리 삶에서 나빠 보이는 것들도 그분이 우리의 선을 위해 사용하신다는 사실을 절대적으로 믿을 수 있다. 생각해 보라. 예수님은 죽으셨지만 결국 다시 살아나셨다.

받은 복을 세어 보라

하나님이 나오미에게 해 주신 것이 또 있다. 물론 나오미의 상황이 바뀌었다. 대개 이것이 우리가 하나님께 실망했을 때 일어나길 소망하는 일이다. 우리는 하나님이 우리에게서 힘든 일을 거둬 가시고 우리가 좋아하는 것을 주시기를 바란다. 하지만 하나님은 더 중요한 변화를 일으키기를 원하신다. 바로 우리 안의 변화다. 하나님은 우리의 상황을 바꾸기 '전에' 먼저 우리를 바꾸실 때가 많다(항상 그렇게 하시는 것은 아니지만).

나오미가 완벽한 사례다. 우리는 여전히 의심은 있으나 믿음으로 행동하는 나오미를 볼 수 있다. 이는 하나님이 그녀의 냉소적인 의심을 달콤한 믿음으로 바꾸고 계신다는 분명한 증거였다. 그녀가 고향 베들레헴으로, 하나님의 백성에게로 돌아간 까닭은 그래도 하나님을 믿었기 때문이다. 사람들은 의심을 품으면 교회에 발길을 끊는다. 그러나 그 반대로 행동해야 한다. 나오미처럼 하나님의 백성과 함께 예배하는 자리로 돌아가야 한다. 그곳에 가면 우리의 의심을 이해하고 우리가 의심과 씨름하는 동안 동행해 줄 사람들을 만나게 된다.

룻과 나오미는 베들레헴에 도착했고 룻은 얼마간의 곡식을 거둘 수 있는 밭을 바로 찾았다. 나오미는 바로 이것이 하나님의 후하신 은혜의 증거임을 알아보았다. 이에 그녀는 그 밭의 소유자인 보아스를 축복한다. "너를 돌본 자에게 복이 있기를 원하노라"(룻 2:19). 그리고 나서 다시 룻에게 말한다. "그가 여호와로부터 복 받기를 원하노라 그가 살아 있는 자와 죽은 자에게 은혜 베풀기를 그치지 아니하도다"(룻 2:20). 나오미는 의심에 빠져 있는 가운데서도 하나님이 사랑과 은혜로 역사하시기 시작하셨음을 볼 수 있었다. 그녀의 마음이 부드러워지기 시작했다. 최소한 이제 그녀는 사랑하는 사람들에게 복을 달라고 기도할 수 있을 만큼 하나님의 선하심을 믿게 되었다.

하나님은 우리 안에서도 역사하기를 원하신다. 특히 그분의 풍성한 후하심을 믿지 못하는 우리에게 역사를 행하길 원하신다. 하나님은 우리의 믿음이 자라기를 원하신다. 이런 변화를 경험하는 길은 아주 간단하다. 하나님이 우리에게 선하게 행하신 모든 일을 눈여겨보기만 하면 된다. 감사는 믿음이 자라는 좋은 토양이다. 하나님이 해 주시지 않은 것만 생각하지 말고 그분이 해 주신 것을 세어 보라. 다음 옛 찬송가의 유명한 가사는 진부하게 들릴지 모르지만 여전히 힘이 된다.

> 받은 복을 세어 보아라
> 크신 복을 네가 알리라
> 받은 복을 세어 보아라
> 주의 크신 복을 네가 알리라[8]

받은 복을 세어 본 나오미는 하나님을 찬양할 이유가 얼마나 많은지 깨달았다. 안전한 귀향, 자신을 돌봐준 가족, 충분한 음식, 기업 무를 자에 대한 소망. 나오미의 복을 보니 우리 자신의 복을 세어 보지 않을 수 없다. 살 곳, 먹을 음식, 우리를 사랑하는 사람들, 무엇보다도 예수 그리스도 안에서 받은 구속, 그분의 피로 얻은 용서와 빈 무덤의 능력으로 얻은 영생의 소망. 우리가 받은 복, 즉 하나님이 우리를 위해서 해 주신 것을 일일이 세면 더 좋고도 참된 시각으로 삶을 바라보게 된다. 우리 문제에만 몰두하던 생각에서 벗어나 나오미처럼 어떻게 하면 남들에게 복을 더해 줄까 고민하게 된다.

하나님이 선하시다는 사실을 믿기 힘들 때 우리가 할 수 있는 일이 또 있다. 바로 끈질기게 기도하는 것이다. 의심이 사라지지 않았어도 최대한 믿음을 그러모아 하나님께 도와 달라고 요청해야 한다.

사도 야고보는 하나님이 "후히 주시고 꾸짖지 아니하시는"(약 1:5) 분이므로 무엇이든 필요한 것을 구하라고 말한다. 또한 그는 "오직 믿음으로 구하고 조금도 의심하지 말라"(약 1:6)라고도 말한다. 그의 요지는 조금이라도 의심을 품으면 기도가 효과 없다는 말이 아니다. 의심 때문에 기도를 포기하면 안 된다는 것이다. 키스 존슨은 하나님의 선하심을 강조하면서 사도 야고보가 한 말의 의미를 풀이해 준다.

이 구절에서 야고보의 주된 목적은 하나님의 후하심을 알려 주려는 것이다. 그는 하나님이 주저 없이 그분의 백성을 도우시므로 누구도 그분께 구하기를 망설이지 말라고 말하고 있다. 어려움에 처한 사람은 도움을 받을 수 있다는 확신으로 하나님께 도움을 구해야 한다. 이 경우 '의심하는 자'는 하나님이 도우시지 않으리라 생각하여 도움을 구하지 않는 사람이다.[9]

정말 필요한 것을 하나님께 구하기를 주저하지 말아야 한다. 하나님은 후히 주시는 분이다. 필요한 것을 구하고 나서 하나님이 응답하실 때까지 참을성 있게 기다리면 그분이 얼마나 선하신지를 보게 될 것이다.

이미 시작된 하나님의 역사

하나님의 역사를 기다려야 했던 나오미는 할머니가 되던 날 그분의 선하심에 관한 궁극적 증거를 얻는다. 그날 룻은 마을 사람들이 "생명의 회복자"라 부른 아기를 시어머니의 품에 안긴다(룻 4:15).

룻의 아기는 복을 달라는 나오미의 기도를 하나님이 들으셨다는 증거였다. 사실, 하나님은 나오미의 기대 이상으로 훨씬 더 후하게 기도를 들어주셨다. 그런데 하나님이 나오미에게 주신 복은 결과적으로 우리 모두를 위한 복이기도 하다. 나오미가 받은 복은 시작이었을 뿐이다. 나오미가 드린 기도의 응답은 그녀 자신의 삶을 넘어 우리의 삶까지 흘러 들어온다. 그녀의 손자가 다윗 왕의 할아버지가 된 것이다. 그리고 다윗의 후손 중에서 가장 위대한 인물은 바로 세상의 구세주 그리스도다.

또한 손자는 나오미에게 죽음 이후의 삶이 있음을 보여준 선물이다. 룻기는 세 번의 장례식으로 시작되었다가 이제 아기의 탄생을 축하하며 마무리된다. 이것은 영생의 능력을 지니신 하나님만이 주실 수 있는 은혜다. 팀 켈러는《팀 켈러, 하나님을 말하다》에서 다음과 같이 주장한다.

> 삶을 바라보는 성경적인 시각은 부활이다. 그것은 단순히 우리가 누리지 못한 삶 대신 얻는 **위안**이 아니라 우리가 항상 원해 왔던 삶의 **회복**이다. 이는 우리에게 일어났던 모든 끔찍한 일이 없었던 일이 되고 회복될 뿐 아니라 그 일로 인해 결국 영광과 기쁨이 훨씬 더 커진다는 뜻이다.[10]

나오미의 경험은《반지의 제왕》에서 샘이 죽음의 구덩이에 빠졌던 위대한 마법사 간달프와 다시 만나는 장면과 비슷하다. 샘은 큰소리로 말한다. "당신이 죽은 줄 알았어요! 나도 죽는 줄 알았고요. 모든 슬픔은 이제 없었던 일이 되는 건가요?"[11]

우리는 죽음만이 아니라 이 타락한 세상에서 겪는 모든 고통에 대해서도 이 질문의 답이 "그렇다"이기를 원한다. 모든 슬픔이 없었던 일이 될 것이라 믿고 싶다. 선하신 하나님이 만물을 다시 회복시킬 만큼 강한 분이길 원한다.

의료 선교사 에릭 매클로플린은 〈피 흘리는 마음이 무너질 때〉라는 제목의 글에서 자신이 가끔 느끼는 절망을, 그리고 하나님의 풍성한 후하심을 불현듯 깨달은 일을 솔직히 고백하고 있다. 그의 영적 도약은 업무 이메일에 답하느라 바쁘던 어느 날 찾아왔다. 그는 고통스러워하는 환자들이 끝없이 줄 서는 장면을 매일 부룬디에서 마주하고 있었다. 고향에 있는 후원자가 이메일로 질문했다. "하나님이 주시는 희망의 약속을 붙들기 위해 희망할 때의 두려움을 어떻게 이겨 내셨습니까?"

이것은 좋은 질문, 합당한 질문이었다. 인생의 고통 가운데에서도 하나님의 역사를 기대하느냐는 진지한 질문이었다. 하지만 이 의료 선교사는 머릿속이 멍해졌다. "그 질문을 읽는 순간 마음이 무너져 내렸다. 해낼 수 없는 일을 왜 하고 있느냐는 질문처럼 들렸기 때문이다."

어떤 환자들을 보면 희망을 품기가 어려웠다. 그는 즉시 오데트를 떠올렸다. 오데트는 신부전 증세로 입원했던 20대 여성이었다. 그녀의 고통은 극심했고 사람들은 그녀가 살아갈 의지를 갖지 못하리라 생각했다. 그녀의 가족은 가진 돈을 다 끌어모아 그녀를 전문의에게 보냈다. 하지만 매클로플린은 소용없을 것이라고 생각했다. 어차피 장기간 투석이 불가능한 환자인데 왜 굳이 전문의에게 보내는가?

그는 컴퓨터 앞에 앉아서 "희망할 때의 두려움"이란 문제를 극복할 길은 없다고 생각했다. 그런데 그때 문자 메시지가 연속으로 들어오는 소리가 났다. 예전 제자가 보낸 것이었다. 인근 도시의 병원에서 근무하는 제자는 이런 메시지를 보냈다.

선생님, 안녕하세요. 저희가 오데트를 돌봐 왔다는 걸 알려 드리려 연락드렸습니다. 선생님이 지난달에 진찰하셨던 젊은 여성 말이에요. 저희로서도 딱히 손쓸 방법이 없었어요. 그래도 투약하고 관찰했더니 신장이 거의 정상으로 돌아왔어요! 오늘 퇴원시키려 합니다. 선생님이 궁금해하실 것 같아 연락드려요. 정말 할렐루야입니다!

문자 메시지를 읽던 그는 하나님의 선하심에 대한 소망이 치솟는 것을 느꼈다. 자신도 모르게 입에서 찬양이 터져 나왔다. 그는 제자의 문자 메시지가 자신에게 어떤 의미였는지를 이렇게 적었다.

기분이 날아갈 것만 같았다. 하지만 정말 놀라운 것은 내가 희망을 품기가 두렵다는 생각을 하며 앉아 있을 때, 어떻게 희망을 잃지 않느냐고 묻는 사람에게 뭐라고 대답해야 할지 몰라 답답해하고 있었던 바로 그때 메시지가 왔다는 것이다. 나는 고개를 돌려 유리창에 비친 내 모습을 보았다. 하나님이 함께 계신다는 개념이 더 이상 이론이 아닌 실제로 갑자기 다가왔다. 오데트의 소식을 듣는 순간, 눈물이 나면서 내 안에 기쁨이 가득 찼다. 어떠한 두려움도 없었고 새로운 희망만 가득했다.[12]

하나님의 풍성한 후하심을 다시 맛볼 순간을 기다리고 있다면 희망하기를 두려워하지 말아야 한다. 받은 복을 세어 보기를, 절실한 필요 구하기를 포기하지 말아야 한다. 하나님은 지금 이 순간에도 계획을 이루고 계신다. 하나님의 역사는 이미 시작되었다. 하나님이 우리에게 얼마나 선하신지 곧 다시 보게 될 것이다.

6.

하나님의
공의가
의심될 때

"세상에 만연한 불의와 불평등을 봐."

나는 거의 넘어질 뻔하였고
나의 걸음이 미끄러질 뻔하였으니
이는 내가 악인의 형통함을 보고
오만한 자를 질투하였음이로다
시편 73:2-3

수백 미터 높이의 깎아지른 절벽에 매달려 있는 등반가를 상상해 보라. 이 사람은 보호 장비 없이 맨손으로 암벽을 등반하고 있다. 밧줄도, 밧줄걸이도, 미끄럼 방지용 밑창도, 안전벨트도 없다. 한 번 삐끗하면 무조건 죽는다.

홀로 등반하는 이 사람이 디딜 곳이나 잡을 곳을 찾지 못하는 모습을 상상해 보라. 갑자기 추락할지 모른다는 공포감

이 밀려온다. 그러다가 뭔가가 손에 잡히고 다시 정상까지 오를 기회를 잡으면서 안도감을 느끼는 모습을 상상해 보라.

이것이 믿음과 의심에 관한 아삽의 경험이었다. 정상을 코앞에 둔 등반가처럼 그는 이스라엘의 하나님을 충성스럽게 붙잡고 있었다. 그런데 갑자기 암벽 표면에서 발을 디디거나 손으로 잡을 수 있는 곳이 떨어져 나간다. 아삽은 이 경험을 글로 썼다. "나는 거의 넘어질 뻔하였고"(시 73:2).

이 절박한 순간, 아삽은 거의 믿음을 버릴 뻔했다. 하나님을 버리고 영적 죽음에 빠질 뻔했다. 그야말로 절체절명의 순간이었다. 의심에 빠져 본 사람이라면 믿음을 부여잡고 있던 손을 놓기가 얼마나 쉬운지 알 것이다. 하지만 마지막 순간, 무엇인가가 아삽을 구해 준다. 감사하게도 추락의 위기 속에서 그가 취한 행동이 믿음을 부여잡는 힘을 강화하고 그의 영혼을 구했다. 그의 간증을 들으면 우리도 믿음을 더욱 강하게 부여잡을 수 있다. 우리가 하나님의 기본적인 공의에 의심을 품고 있을 때 특히 그러하다.

악한 사람이 세상에서 성공할 때

아삽은 다윗 왕 이후 성경에서 가장 유명한 가수 겸 작사

가라고 할 수 있다. 찬양 예배 리더이자 음반을 낸 가수 정도로 생각하면 된다. 우리는 주로 그의 노래를 통해 그를 안다. 시편 73편은 그가 썼다고 하는 10여 편의 예배 찬양 중 하나다.

아삽의 곡은 여느 경건한 예배 음악이 그렇듯 찬양으로 시작된다.

> "하나님이 참으로 이스라엘 중 마음이 정결한 자에게 선을 행하시나"(1절)

이 도입부에 의심의 흔적은 전혀 없다. 아삽은 감사하는 백성의 찬양을 표현하고 개인적인 신앙의 중요성을 강조한다. 하나님을 보려면 마음이 정결해야 한다. 이것은 이 찬송가를 쓴 그의 고백이었다. 그는 하나님의 선하심을 믿었다.

하지만 노래가 계속되면서 1절에서 주장했던 진리에 대해 아삽이 심각한 의심에 시달리는 모습을 볼 수 있다. 2절에서 14절까지는 그가 겪은 신앙의 위기를 묘사한다. 하나님이 정말로 그분의 백성에게 선하신가? 아삽이 이것을 확신하지 못했던 시절이 있었다. 그렇다. 많은 사람이 하나님은 선하시다고 믿는다. 하지만 아삽은 "나는 하나님의 선하심을 믿을 수 없다"라고 고백한다.

"나는 거의 넘어질 뻔하였고 나의 걸음이 미끄러질 뻔하였으니"(2절)

여기서 아삽이 자신의 과거를 이야기하고 있음을 알아야 한다. 1절은 그의 현재 시각을 담고 있다. 믿음으로 충만한 가운데서 내린 결론을 말하고 있다. 하지만 이어지는 구절에서는 극심한 회의주의와 의심이 이 예배 인도자를 영적으로 몰락시킬 뻔했던 시기를 돌아보고 있다. NIV 성경은 이 절체절명의 순간을 이렇게 번역한다.

내 발이 미끄러질 뻔했다.
나는 하마터면 고꾸라질 뻔했다.

시편 73편의 나머지 부분에서 아삽은 믿음에서 거의 떨어져 나갈 뻔했던 이유와 자신이 믿음을 더 강하게 부여잡도록 하나님이 행하신 일을 말한다. 그가 이해할 수 없었던 것은 왜 나쁜 사람들에게 좋은 일이 일어나는가 하는 문제였다. 그는 극심한 질투심에 사로잡혔다. 3절은 이렇게 말한다. "이는 내가 악인의 형통함을 보고 오만한 자를 질투하였음이로다." 이 것은 공정하지 않다. 하나님이 선하시다면 선한 자들에게 선을 행하시고 악한 자들을 벌주셔야 마땅하다. 그런데 주변 세상을 보니 상황은 정반대다. 의인들은 허덕이고 있다. 그러는 동안 악인들은 살인을 저지르고도 잘 먹고 잘살고 있다.

다음 구절들에서 이 예배 인도자는 악한 부자들의 생활을 적나라하게 묘사한다.

> "그들은 죽을 때에도 고통이 없고 그 힘이 강건하며 사람들이 당하는 고난이 그들에게는 없고 사람들이 당하는 재앙도 그들에게는 없나니 그러므로 교만이 그들의 목걸이요 강포가 그들의 옷이며 살찜으로 그들의 눈이 솟아나며 그들의 소득은 마음의 소원보다 많으며 그들은 능욕하며 악하게 말하며 높은 데서 거만하게 말하며 그들의 입은 하늘에 두고 그들의 혀는 땅에 두루 다니도다"(4-9절)

아삽이 본 바에 따르면 불경한 자들은 세상 근심이 없다. 그들은 언제나 원하는 것을 차지한다. 대개는 누군가를 희생시켜서 그것을 얻는다. 그들은 오만하고 폭력적이다. 둘 다 하나님이 미워하시는 것이다. 그들에게 신성한 것이라곤 눈곱만큼도 없다. 그들은 전능자를 조롱하고도 털끝 하나 다치지 않고 잘만 살아간다.

사실, 그들은 악을 행할수록 유명해진다. 오늘날 유명인들에게서 똑같은 현상을 볼 수 있다. 그들은 자기 과시, 이른

바 성적 자유, 낙태처럼 성경에 반하는 수많은 것을 도덕적이라고 여긴다. 이런 불의한 자들이 인기를 얻다 보니 많은 사람이 혼란에 빠져 있다. 아삽 시대의 이스라엘 백성도 하나님께로 돌아가는 것이 아니라 점점 악행 쪽으로 향했다(10절). 이스라엘 백성은 불경한 자들에게 '좋아요'를 누르고 그들을 '팔로우'했다. 그렇게 하고도 아무 문제가 없으리라 생각했다. "하나님이 어찌 알랴 지존자에게 지식이 있으랴"(11절)라며 코웃음을 쳤다. 실로 안타까운 일이다. 이 말을 마친 아삽이 질투하다 못해 비참한 기분에 빠졌음을 느낄 수 있다.[1] 그는 자신이 목격한 것을 다음과 같이 정리한다.

> "볼지어다 이들은 악인들이라도 항상 평안하고 재물은 더욱
> 불어나도다"(12절)

그는 사실상 이렇게 말하고 있다. "눈이 있으면 한번 봐라. 불경한 자들이 하나같이 건강하고 부유하며 명성을 얻는다."

모든 상황이 너무도 부당해 보였다. 의인이 복을 받고 악인은 벌을 받아야 마땅하다. 그런데 아삽은 이것을 정의의 문제로 여기지 않았다. 그는 이기적이었다. 악인이 번영하는 모습을 본 그는 자신이 살아 계신 하나님께 드렸던 모든 희생이 가치가 있었는지 의심하기 시작했다.

"내가 내 마음을 깨끗하게 하며 내 손을 씻어 무죄하다 한 것이 실로 헛되도다 나는 종일 재난을 당하며 아침마다 징벌을 받았도다"(13-14절)

대부분의 신자들이 그러하듯 하나님과 동행하는 것은 아삽에게도 힘든 일이었다. 그런 상황에서 불경한 자들이 아무 근심 걱정 없이 부유하게 떵떵거리는 모습을 보자, 그는 자신을 정결하게 하려고 매일 했던 노력들이 가치가 있었는지 의심하기 시작했다.

우리는 아삽의 상태를 영적 포모 증후군(FOMO, 모두가 누리는 좋은 기회를 나만 놓칠지 모른다는 두려움 — 역자)으로 진단할 수 있다. 이 예배 리더는 자신이 속았다고 느꼈다. 하나님을 섬기는 일에 삶을 바쳤건만 자신에게 주어지는 것은 별로 없어 보였다. 의로운 삶에 상응하는 보상이 없는 것 같았다. 그래서 아삽은 하나님을 떠날까 고민하기 시작했다. 불경한 자들이 더 행복하다면 하나님을 섬기는 일은 어리석은 시간 낭비처럼 보였다. 사역을 계속할 마땅한 이유가 없었다.

후히 베풀며 살기보다 이기적으로 살고 싶은 유혹을 아직 느껴 본 적 없다면 언젠가 그런 날이 올 것이다. 기부하기보다 돈을 움켜쥐는 일이 손쉬울 것이다. 주일 아침 일찍 일어나 교회에 가기보다 늦잠을 자고 싶을 것이다. 순결을 지키는 것보다 성적인 죄에 빠지는 것이 더 즐거울 것이다. 하나님께 순종하기보다 하나님께 등을 돌리는 편이 자기에게 더 유익해 보일 것이다.

아삽의 솔직함은 신선한 충격을 준다. 이와 비슷한 경우로, 욥이 하나님께 마구 불평을 쏟아 냈을 때도 하나님은 욥의 솔직함을 칭찬하셨다. 한 성경 번역본은 욥이 하나님께 한 말을 이렇게 옮긴다.

> "그래서 나는 잠잠히 있지 않고 내 사정을 모조리 다 이야기하렵니다. 드높은 하늘에 쏟아 내는 나의 항의는 거칠지만 정직합니다."(욥 7:11,《메시지》)

아삽도 모든 것을 털어놓았다. 그의 항의를 듣노라면 우리의 머릿속에도 의문이 피어오르기 시작한다. '그리스도를 섬겨 봐야 무슨 소용인가. 즐겁기는커녕 더 불행해질 뿐이야.' 때로 우리는 기독교의 주장들을 깊이 생각해 본 끝에 "하나님은 그 어떤 관찰 가능한 기능도 수행한 적이 없고 아무런 합당한 목적도 없었다"라는 결론을 내린 남자와 같은 심정이 된다.[2] 여러 가능성을 따지다 보면 우리는 미끄러지기 시작한다.

무엇이 아삽의 마음을 바꿔 놓았는지 탐구하기 전에, 먼저 그의 전제에 논쟁의 여지가 있다는 점을 주목해야 한다. 정말로 무신론자들과 불가지론자들이 더 행복한 삶을 영위하는가? 사실, 기독교 신앙인의 삶이 '더 낫다'는 것을 보여 주는 연구 결과는 많다. 조시 하워튼은 〈그렇지 않다, 기독교는 당신의 생각만큼 나쁘지 않다〉라는 글에서 그리스도인들이 우울증, 자살, 중독, 학대를 덜 경험한다는 점을 자료로 제시한다. 그리스도인들은 더 많이 베풀고, 사회적으로 더 많은 지지를 받으며, 더 큰 만족을 누리고, 의미 있는 일을 할 기회를 더 많이 가진다. 그들은 더 만족스러운 성생활을 하고 그들의 자녀는 더 행복하다.[3]

이 모든 것이 사실이라면 아삽의 전제에는 애초에 결정적 하자가 있다. 불의한 자들은 부러워할 대상이 아니라 불쌍히 여길 대상이다. 하지만 때로 우리는 세상을 아삽처럼 보며 죄인들이 훨씬 즐겁게 산다고 착각한다.

아삽의 사고방식에는 또 다른 흠이 있다. 아삽은 자기 자신을 중심으로 공의를 생각하고 있다. 하지만 세상에는, 자신이 가져야 마땅하다고 여기는 것을 갖는 일보다 훨씬 중요한 정의의 문제들이 많다. 고아와 과부들은 어떠한가? 전쟁과 핍박의 생존자들은 어떠한가? 가난한 자들과 압제받는 자들은 어떠한가? 하나님이 진정 공의로우시다면 이런 문제를 바로잡을 계획을 갖고 계셔야 한다. 하지만 아삽은 자신에게 몰두한 나머지 세상의 더 큰 불의에 관심을 가질 겨를이 없었다.

예배의 장소로 가라

아삽의 시각을 완전히 바꿔 놓는 일이 일어났다. 시편 73편 15절에서 그의 생각의 전환을 처음 감지할 수 있다.

> "내가 만일 스스로 이르기를 내가 그들처럼 말하리라 하였더라면 나는 주의 아들들의 세대에 대하여 악행을 행하였으리이다"

이제 우리는 시편 73편 2-14절의 내용이 가정이었음을 깨닫는다. 모두 아삽이 생각은 했지만 충분히 고민하기 전까지는 입 밖에 내지 않은 것들이다.

여기서 중요한 교훈 하나를 얻을 수 있다. 아삽은 자신의 의심이 주변 사람들에게 영적으로 부정적 영향을 끼칠 수 있다는 것을 알았다. 하나님의 공의를 부인하면 그것은 물론 하나님께 죄를 짓는 것이다. 하지만 그가 속한 믿음의 공동체에 잘못하는 일이기도 하다. 자신이 사랑하고 섬겨 온 사람들에게 해를 끼치는 것이다. 이 예배 인도자는 자신의 의심 때문에 다른 이들까지 낙심시키고 싶지 않았다. 그래서 하나님과 함께 이 문제를 해결하는 동안 자신의 생각은 함구했다.

우리는 자신의 영적 문제를 솔직히 털어놓아야 한다. 특히 의심을 품은 경험이 있어서 하나님께 돌아가는 길을 알려 줄 수 있는 성숙한 신자들과 이 문제를 의논할 수 있다면 그렇게 해야 한다. 하지만 자신이 아직 해결하지 못한 부정적인 생각들로 인해 주변 사람들, 특히 예수님을 믿은 지 얼마 안 되는 어린 신자들이 낙심하지 않도록 조심해야 한다. 의심이 전혀 없는 척해서도 안 되지만, 한편으로는 우리의 의심을 의심하고 우리가 가진 불신의 성향과 싸워야 한다.

아삽은 의심이 생겼을 때 다른 사람들마저 낙심시키지 않았다. 그 대신, 하나님과의 관계에서 큰 변화를 만들어 낼 수 있고 실제로 변화를 만들어 낸 행동을 한다. 즉 영적 고민으로 지친 가운데서도 일단 예배의 장소로 갔다. 믿음을 완전히 잃기 전에, 하나님의 공의에 관해 그릇된 결론을 내리기 전에 성전으로 돌아갔다. 그는 의심이 해결되고 믿음이 강해지던 순간을 다음과 같이 묘사한다.

"내가 어쩌면 이를 알까 하여 생각한즉 그것이 내게 심한 고통이 되었더니 하나님의 성소에 들어갈 때에야…"(16-17절)

하나님의 거룩한 임재 속으로 들어가면서 모든 것이 바뀌었다. 거대한 패러다임 전환이 성전에서 이루어졌다. 아삽은 하나님께 품었던 모든 부정적인 생각, 큰소리로 외치고 싶었던 불만을 모두 물리고 싶었다. 그는 예배하고 싶은 마음이 들지 않을 때도(예배를 인도하는 사람도 그럴 때가 있다) 개의치 않고 하나님을 예배했고 그것이 그의 믿음을 굳건하게 만들었다.

현대 시인 크리스천 와이먼도 비슷한 경험을 했다. 그는 널리 읽히는 에세이 〈심연 속을 응시하기〉에서 자신의 경험을 이야기한다. 그는 하필이면 서른아홉 번째 생일에 난치병인 희소 혈액암 진단을 받았다. 와이먼은 결혼한 지 1년도 되지 않은 새신랑이었다. 당연히 그와 아내는 충격에 휩싸였다. "그러던 어느 날,"이라는 말로 그는 이야기를 시작한다.

> 우리는 교회로 가고 있었다. 무심결에 교회로 가고 있었다. 마치 우리 안에 있던 어떤 충동이 행동으로 옮겨진 것 같았다. 우리는 일요일자 신문을 한쪽에 던져 놓고 문 쪽으로 걸어가고 있었다. 걸어가는 동안 서로 말은 거의 하지 않았다. 일단 교회 안에 들어서자 우리가 있어야 할 곳에 온 것 같은 기분이 들었다. 우리는 원래 그곳에 있어야 할 사람인 것 같았다. 그 첫 예배는 모든 상처를 헤집는 것처럼 지독히 고통스러웠다. 그러면서도, 유일하게 효과가 있는 연고를 발라 주는 것처럼 깊은 위로가 되었다.[4]

어떤 면에서 아삽과 와이먼의 경험은 전혀 특별할 것이

없다. 그들은 그냥 평범한 예배 장소로 걸어 들어갔을 뿐이다. 하지만 그곳에서 일어난 일은 실로 특별했다. 그들은 살아 계신 참된 하나님의 임재 속으로 들어갔고 새로운 시각을 얻었다. 그 시각은 그들이 넘어지지 않도록 붙잡아 주었고 그들에게 소망을 불어넣었다.

예배가 만들어 내는 변화를 이해하는 또 다른 방법은 시편 73편에서 대명사를 추적해 보는 것이다.[5] 이 시편은 하나님 중심의 시각에서 시작된다. "하나님이 참으로 … 선을 행하시나." 하지만 2절에서 아삽은 영적 셀카를 찍는다. "나는." 자신에게로 시선을 돌리는 순간부터 그는 흔들리기 시작한다. 정말 놀랍지 않은가? 이어서 4절과 12절 사이에 나타나는 대명사들은 거의 "그들", "그들의", "그들을"이다. 아삽은 자신의 영적 상태를 스스로 책임지지 않고 자신을 남들과 비교한다. 이것은 하나님과의 관계에 전혀 도움이 되지 않는다. "나"에서 "그들"을 거쳐, "당신" 곧 하나님께로 돌아간 뒤에야 아삽은 비로소 올바른 시각을 갖게 된다.

교회에 가기만 하면 저절로 모든 문제가 해결되거나 모든 의심이 풀린다는 말은 아니다. 영적 문제를 갖고 예배당에 들어갔다가 오히려 회의적인 생각이 강해져서 나오기도 한다. 하지만 하나님은 우리가 예배할 때 성령의 임재로 함께하겠노라 약속하셨다. 예수님은 두세 사람이 그분의 이름으로 모일 때마다 그곳에서 우리와 함께하겠다고 약속하셨다(마 18:20). 성경은 예수 그리스도의 피로 우리가 하나님께 가까이 나아가고 지성소에 들어갈 수 있다고 약속한다(히 10:19-22). 나아가서 성경은 우리가 예배할 때 혼자가 아니라 전능하신 하나님의 보좌에서 수많은 천사들과 우리를 앞서간 수많은 성도들, 그리고 무엇보다 예수님과 함께하게 된다고 말한다(히 12:22-24). 우리 구주께서 우리를 만나 주겠다고 약속하신 곳보다 그분을 새롭게 만나기에 더 좋은 곳은 없다. 그곳은 바로 복음 중심으로 함께 예배하는 장소다.

진정으로 예배를 드릴 때 우리는 하나님을 인정해 드린다. 하나님에 관해서 추측하기를 멈추고 그분을 찬양하기 시작한다.[6] 그분이 하나님이시고 우리는 하나님이 아니라는 사실을 다시금 기억한다. 심지어 하나님에 관한 우리의 경험을 생각하지도 않는다. 그런 생각은 우리의 영적 회복을 방해할 수 있기 때문이다. 우리는 하나님 그분만을 찬양한다. 헤르만 바빙크는 믿음과 의심에 관한 글에서 지혜로운 결론을 내렸다. "확신은 우리의 지식에서 나오지 않고 우리가 아는 분의 신실하심과 신뢰성에서 나온다. 확신의 무게는 이곳 우리가 아닌 그곳에 있다."[7] 예배는 자신에게서 시선을 떼어 삼위일체 하나님에 대한 믿음의 단단한 발판을 마련하는 자리다.

의심이 믿음으로 바뀌는 순간

성전에 들어가서 예배하던 아삽은 자신의 의심을 순식간에 믿음으로 바꿔 놓는 새로운 뭔가를 보았다. 그가 본 것은 단순했다. 바로, 이야기가 어떻게 끝나는지를 본 것이다. 하나님의 성전에 도착하기 전까지 그가 볼 수 있었던 것은 하나님을 떠나면 훨씬 더 건강하고 부유해질 수 있다는 것뿐이었다. 하지만 그는 하나님의 성전에 들어갔고, 거기서 이렇게 말한다. "그들의 종말을 내가 깨달았나이다"(시 73:17). 다시 말해 그는 하나님의 정의로 말미암아 악인들이 결국 망한다는 사실을 불현듯 깨닫는다.

시편 73편이 계속 이어지면서 아삽은 이 주제를 강해한다. 불경한 자들에게 어떤 일이 일어날까?

> "주께서 참으로 그들을 미끄러운 곳에 두시며 파멸에 던지시니 그들이 어찌하여 그리 갑자기 황폐되었는가 놀랄 정도로 그들은 전멸하였나이다 주여 사람이 깬 후에는 꿈을 무시함 같이 주께서 깨신 후에는 그들의 형상을 멸시하시리이다"(18-20절)

아삽은 27절에서 이런 결말을 더 힘주어 강조한다.

"무릇 주를 멀리하는 자는 망하리니 음녀같이 주를 떠난 자를 주께서 다 멸하셨나이다"

분명, 삶의 끝과 그 이후를 생각할 때 남들보다 더 두려움에 떠는 사람들이 있다. 위대한 소설가 레프 톨스토이는《참회록》에서 죽음에 관한 자신의 의심과 씨름했다.

50세에 나를 자살 직전까지 몰아갔던 질문은 모든 사람의 영혼 속에 있는 가장 단순한 질문이었다. … 그것은 답을 얻지 못하면 누구도 살아갈 수 없는 질문이었다. 그 질문은 이것이었다. "내가 오늘이나 내일 하는 것은 어떻게 되는가? 내 삶은 어떻게 되는가? 나는 왜 살고, 왜 무언가를 바라며, 왜 무언가를 하는가?" 이 질문은 이렇게도 표현할 수 있다. 내 삶에 어떤 의미가 있는가? 나를 기다리는 필연적인 죽음이 나를 파멸시키지 않도록 해 주는 의미가 내 삶에 있는가?[8]

결국 하나님이 자비로운 일을 행하심을 알지 못하고 육신적 존재인 우리의 끝을 미리 생각하면 절망에 빠질 수밖에 없다. 하지만 아삽은 정반대 경험을 했다. 그에게 세상의 끝은 소망의 시작이었다.

아삽은 악인들이 의로운 심판관이신 하나님의 심판 아래

에서 멸망할 것을 알았다. 그들이 성공이라고 여긴 것은 현실이 아니라 한낱 꿈일 뿐이었다. 미끄러운 곳에 있는 사람은 아삽이 아니라 '그들'이었다! 그들의 생명은 한순간 끝나 버리고 그토록 애써 쌓았던 모든 것은 순식간에 손아귀에서 빠져나갈 것이다. 그들은 하나님께 소망이 없기에 죽음을 생각할 때마다 공포에 사로잡힐 것이다. 그 공포는 누구도 피할 수 없는 것이다. 결국 그들은 최후의 심판을 맞을 것이다. 그들이 교만과 압제로 쌓아 올린 모든 것은 하나님의 공의 앞에 허물어질 것이다.

또한 아삽은 결국 의인이 상을 받는다는 것을 깨달았다. 이제 우리는 어떻게 그렇게 되는지를 안다. 우리에게 해를 끼치고 우리를 분노하게 만드는 불의를 친히 감당하신 하나님의 아들 덕분에 가능하다. 팀 켈러는 이에 관해서 다음과 같이 말한다.

우리는 바로 예수님을 통해 하나님이 가난하고 압제받는 자들처럼 되셨다는 것을 안다. 예수님은 가난한 집안에 태어나셨다. 소외되고 버림받은 자들 가운데 사셨다. 그분이 재판을 받으신 것은 정의가 무너진 사건이었다. 그분은 아무것도 없이 벌거벗긴 채로 폭력을 당하며 죽음을 맞으셨다. 그래서 하나님의 아들은 불의의 희생자가 어떤 상태인지를 직접 경험하셨다. 부패한 정권에 맞서다 그 정권에 죽음을 당하셨다. 그리스도인은 우리가 형벌을 면하도록 예수님이 우리의 죄를 대속하기 위해 그렇게 하셨다고 믿는다. 그리스도인은 하나님의 눈에 우리가 영적으로 가난하고 무기력하지만, 우리도 외지인이자 노예이지만, 하나님이 우리를 위해 압제를 당하심으로 우리를 구원하셨다는 것을 안다.[9]

하나님이 예수 그리스도를 통해, 특별히 십자가라는 부당한 죽음을 통해 개입하신 덕분에 우리는 의의 선물을 받았다. 우리가 고백하는 죄는 용서받을 것이다. 우리가 치른 희생은 보상받을 것이다. 우리가 베푼 섬김은 기억될 것이다. 무엇보다도 그리스도께서 죽음에서 부활하심으로 우리는 이생에서뿐 아니라 영원히 하나님의 사랑 가득한 임재 속에서 살 것이다. 아삽은 이 은혜를 증언하고 있다. 다음과 같은 그의 증언은 우리가 영적 암벽 등반을 할 때 꼭 챙겨야 할 장비다.

"내가 항상 주와 함께하니 주께서 내 오른손을 붙드셨나이다 주의 교훈으로 나를 인도하시고 후에는 영광으로 나를 영접하시리니"(23-24절)

이것은 시편 73편 기자가 예배를 드릴 때 깨달은 것이다.

그는 정확히 어떤 경험 덕에 하나님의 최후 심판을 기억하게 되었는지는 말해 주지 않는다. 성경 말씀을 듣고 찬양을 부른 덕분에 하나님이 거룩하시다는 사실을 기억하게 되었을까? 그래서 거룩하신 하나님이 결국 옳은 일을 행하신다는 사실을 기억하게 되었을까? 혹은 성전 뜰의 거대한 청동 제단에서 타오르는 제물을 보고 악한 자들이 멸망할 것과 자신의 죄가 용서받을 것을 기억하게 되었을까? 정확히 무엇을 보았든 간에 아삽은 하나님의 공의에 대한 새로운 확신과 자신의 구원에 관한 새로운 소망을 품고 예배 장소에서 나온다.

하나님의 임재 안에서 찾은 해답

시편 73편의 막바지에 이르러 아삽은 불의한 자들에 관한 자신의 생각이 얼마나 잘못되었는지를 깨닫는다. 또한 하나님을 향한 자신의 태도가 얼마나 어리석은지를 인정한다. 그는 이렇게 고백한다.

> "내 마음이 산란하며 내 양심이 찔렸나이다 내가 이같이 우매 무지함으로 주 앞에 짐승이오나"(21-22절)

하나님에 관한 격한 의심은 자랑할 것이 아니다. 그것은 회개해야 할 죄다.

또한 아삽은 남들에게 전할 간증을 얻었다. 이야기가 어떻게 끝나는지를 알고 영적 확신을 갖게 된 그는 개인적인 신앙고백으로 예배를 마무리한다. 우리의 이야기가 어떻게 끝날지 믿음으로 보고 나면 그의 고백을 우리의 고백으로 삼을 수 있다.

"하늘에서는 주 외에 누가 내게 있으리요 땅에서는 주밖에 내가 사모할 이 없나이다 내 육체와 마음은 쇠약하나 하나님은 내 마음의 반석이시요 영원한 분깃이시라 무릇 주를 멀리하는 자는 망하리니 음녀같이 주를 떠난 자를 주께서 다 멸하셨나이다 하나님께 가까이함이 내게 복이라 내가 주 여호와를 나의 피난처로 삼아 주의 모든 행적을 전파하리이다"(25-38절)

보다시피 여기서 아삽은 '나'와 '내'라는 대명사로 돌아간다. 하지만 자기중심적인 모습은 아니다. 이제 하나님의 임재 속으로 돌아갔기 때문에 이 구절에는 '당신', 곧 하나님도 있다. 이 구절은 사랑 많고 신실하신 하나님께 초점을 맞추고 있다. 하나님이 함께하시기 때문에 아삽은 미끄러지지 않고 굳게 서 있다. 악인들이 소유한 듯 보이는 온갖 것을 바라보지 않고 '자신'이 가진 것만을 바라보고 있다. 알고 보니 그것이야 말로 그에게 진정으로 필요한 유일한 것, 혹은 그가 진정으로 원하는 것이었다. 그것은 바로 살아 계신 하나님의 사랑 가득한 임재였다.

28절에는 전형적인 절제된 표현이 있다. "하나님께 가까이함이 내게 복이라." 시편 73편이 처음 고백한 대로, 하나님은 선하시다. 그렇다면 하나님이 계신 곳에 함께 있는 것이 우리에게 좋다. 이 좋고도 사랑 가득한 임재는 하나님이 예수 그리스도 안에서 우리에게 주시는 복이다. 구유에서 태어나 갈보리 십자가 위에서 돌아가신 뒤 부활하신 구세주. 그분께서는 결코 우리를 떠나거나 버리지 않고 항상 가까이 계실 것이라고 그분의 영을 통해 약속해 주셨다. 오늘, 앞으로 이어질 모든 날들, 아니 하나님이 시편 73편의 예배 인도자에게 베푸신 것을 우리에게 베푸심으로 우리를 영광 가운데로 이끄실 그날까지 하나님께 가까이 있는 것이 우리에게 좋다.

7.

하나님의
돌보심이
의심될 때

"왜 나를 태어나게 하셔서 이 고생을 하게 하실까?"

어찌하여 내가 태에서 나와서
고생과 슬픔을 보며
나의 날을 부끄러움으로 보내는고
예레미야 20:18

16세기 스페인의 신비주의자 십자가의 성 요한이 쓴 유명
한 시는 어둠에 자주 덮이는 듯 보이는, 하나님께로 가는 영혼
의 여정을 묘사한다. 성 요한의 시는 〈영혼의 어두운 밤〉(Dark
Night of the Soul)으로 알려져 있다.

이 제목은 많은 성도들과 예술가들의 상상력을 자극했다.
T. S. 엘리엇은 그의 유명한 《사중주 네 편》에서 이 제목을 사

용했다. 밴 모리슨 같은 작곡가들은 자신의 음악에 이 제목을 삽입했다.[1] 디페쉬 모드는 "유혹에 사로잡혔을" 때 "내 영혼의 어두운 밤"에 관해서 노래했다.[2] 성 요한의 유명한 문구는 스티븐 킹의 스릴러 소설 《불면증》에도 있다. 킹은 이 문구를 1936년 에세이 《무너져 내리다》를 쓴 작가 스콧 피츠제럴드에게서 빌려왔다. "영혼의 지독히 깊은 밤은 언제나 새벽 3시에 찾아온다."[3] 플래너리 오코너는 한 독자에게 이런 글을 보냈다. "지금 이 순간 온 세상이 영혼의 깊은 밤을 지나고 있는 것처럼 보입니다."[4] 많은 추종자들을 거느린 소설가 더글러스 애덤스도 《영혼의 길고 암울한 티타임》이라는 SF 추리 소설을 쓴 것으로 보아 이 문구를 알고 있었던 것이 분명하다.[5]

성 요한의 문구가 널리 알려진 이유는 단순하다. 누구든 영혼의 어두운 밤을 지날 때가 있기 때문이다. 살다 보면 누구나 영적 위기에 처할 때가 있다. 베스트셀러 작가들과 그래미상을 받은 작곡가들도 예외가 아니었다. 우리 모두는 의심에 사로잡힐 때가 있다. 하나님과 함께하는 삶의 측면들이 비밀에 싸인 듯 보일 때가 있다. 이런 일은 낮에 일어날 수도 있지만 주로 어두운 밤에 일어난다. 그럴 때 우리는 홀로 생각에 잠겨 고개를 젓는다. '하나님이 정말로 계신가? 계신다 해도 내게 신경이나 쓰시겠는가?'

영혼의 어두운 밤

우리 구주의 십자가 고난을 제외하면 성경에서 영혼의 어두운 밤에 관한 가장 분명한 사례는 예레미야의 삶에서 찾아볼 수 있다. 이 불쌍한 선지자는 감옥에 갇혔다. 성전 총감독이자 이스라엘의 제사장이었던 바스훌은 예루살렘에 심판이 임한다는 예레미야의 메시지가 못마땅했다. 그는 예레미야를 체포해서 매질을 한 뒤에 밤새 묶어 놓았다.

이튿날 바스훌은 마음을 바꿔 예레미야의 속박을 풀어 주었다. 그날 아침 예레미야는 자신의 영혼 속을 들여다보았다. 예레미야서 20장은 영혼의 길고 어두운 밤 이후 그에게 찾아온 생각과 감정을 기록하고 있다. 예레미야는 밤을 새우며 도스토옙스키가 "의심의 도가니"라고 부른 어떤 것을 경험했다.[6] 새날의 빛 가운데서 그는 자신의 삶에서 잘못된 모든 것을 한탄하기 시작했다. 신자들이 때로 그렇게 하듯 그는 전능자께 불만을 토로한다.

> "여호와여 주께서 나를 권유하시므로 내가 그 권유를 받았사오며 주께서 나보다 강하사 이기셨으므로"(7절)

예레미야가 낙심할 이유는 한두 가지가 아니었다. 일단

위험에 처해 있었다. 사람들은 심판의 메시지를 혐오해서 그를 비난했고 그가 한 번이라도 거짓 예언을 하면 공격하기 위해 주시하고 있었다. 적대적인 제사장들은 성전 한쪽에 모여 예레미야를 가리키며 손가락질을 하고 있었다.

> "나는 무리의 비방과 사방이 두려워함을 들었나이다 그들이 이르기를 고소하라 우리도 고소하리라 하오며 내 친한 벗도 다 내가 실족하기를 기다리며 그가 혹시 유혹을 받게 되면 우리가 그를 이기어 우리 원수를 갚자 하나이다"(렘 20:10)

심지어 친구들도 예레미야가 꼬투리 잡힐 일만 하기를 기다리고 있었다. 그는 이미 매를 맞고 감옥에 갇히는 일을 겪었다. 몇 번이나 죽음의 위협을 경험했다(렘 11:18-21; 18:22-23 참조). 배척당하는 것만으로도 충분히 괴로운데 적들이 또 무슨 짓을 저지를지 몰랐다. 사람들의 조롱도 낙심거리였다.

> "내가 조롱거리가 되니 사람마다 종일토록 나를 조롱하나이다 내가 말할 때마다 외치며 파멸과 멸망을 선포하므로 여호와의 말씀으로 말미암아 내가 종일토록 치욕과 모욕거리가 됨이니이다"(렘 20:7-8)

분명 예루살렘의 광대들은 예레미야를 웃음거리로 삼았을 것이다. 그의 사역은 조롱거리였다. 그의 메시지는 농담거리로 전락했다. "저 늙고 미친 선지자를 봐. 어제 저자가 무슨 말을 했는지 알아?" 괴롭히는 자들은 그렇게 수군거렸다. 말로 비난받는 것이 심한 매질보다는 나을지도 모르지만 결국 대중의 조롱은 예레미야에게 엄청난 타격을 입히기 시작했다.

예레미야는 경멸과 거부를 당했다. 절친한 친구들도 그를 배신했다. 이에 그는 "여호와여"라고 탄식한다.

> "여호와여 '주께서' 나를 권유하시므로 내가 그 권유를 받았사오며"(렘 20:7)

분명 예레미야는 하나님의 말씀이 사실인지 의심하기 시작했다. 이것은 에덴동산까지 거슬러 올라가는 사탄의 가장 오래된 시험이다. 하나님은 예레미야에게 예언하라고 명하셨고 그에 따라 예레미야는 예언을 했다. 그런데 도대체 하나님이 말씀하신 심판은 언제 오는가? 하나님이 약속 이행을 미룰수록 예레미야는 자신이 거짓 선지자가 된 것이 아닌가 하는 의심이 점점 강해졌다. 하나님이 속이신 것은 아닐까? 하나님이 잘못된 말을 전해 주신 것은 아닐까? 나를 보호하겠다고 약속해 놓고서(렘 1:8; 15:21 참조) 적들의 손에 넘기시다니 도대체 어떻게 된 것인가?

예레미야의 이야기는 남 이야기 같지 않다. 철학자 마크 탈봇은 예레미야가 끔찍한 고난으로 인해 "하나님의 성품을 비방하고 최소한 일시적으로는 신앙과 소명을 버리는" 지경까지 이르렀다고 말한다.[7] 이 정도까지는 아니라고 해도 우리 역시 그분을 탓하는 마음을 품은 적이 있다. 우리에게 뭔가를 약속하셨다고 생각했는데 그분은 약속을 지키지 않았다. 그래서 사람들이 나를 조롱하고 비난한다. 그로 인해 예수님을 믿은 나 자신 혹은 하나님의 말씀을 옹호했던 나 자신이 바보처럼 느껴진다. 삶이 너무 힘들기에 복음에 대해 들었던 모든 것이 정말 사실인지 의구심이 든다. 길고 어두운 밤 내내 우리의 영혼은 하나님께 부르짖었지만 그분이 듣기나 하시는지 의문스럽다. 때로는 기도도 나오지 않는다.

바로 이것이 티시 해리슨 워런이 했던 경험이다. 워런은 《밤에 드리는 기도》에서 이 경험을 고백했다. "더 이상 하나님께 어떻게 나아가야 할지 알 수 없었다. 할 말은 너무 많고, 답이 없는 질문도 너무 많았다. 고통이 깊어 할 말을 잃어버렸다. 더 고통스러운 것은 내가 하나님을 믿는지 확신할 수 없어서 기도할 수 없었다는 것이다."[8]

프레데릭 뷰크너는 밤낮을 가리지 않고 수많은 그리스도인들이 던지는 의심으로 가득한 질문들을 소개한다.

정말로 하나님이 가까이 계시는가? 우리 가운데는 오랫동안 하나님을 믿은 사람이 많다. 때로 우리는 마음 한구석에서는 더 이상 믿지 못하면서도 그래도 한편으로는 하나님을 믿기를 갈망해 왔다. 고통으로 신음하는 세상과 우리 자신의 작은 고통 한복판에서도 사랑과 능력의 하나님, 그 누구보다도 능력이 강하신 하나님을 믿으려고 애써 왔다. 그런데 과연 우리가 옳았을까? 우리가 믿었던 것과 믿기를 갈망했던 것은 과연 모두 사실일까?[9]

의심과 씨름하는 기도

예레미야도 영혼의 어두운 밤을 거치며 비슷한 질문들과 씨름했다. 그가 그 경험에 관해서 쓴 시는 하나님이 우리를 사랑으로 돌보시는지 의심될 때 우리가 할 수 있는 단연 중요한 일을 보여 준다. 아주 단순하다. 바로, 그 의심에 관해서 하나님께 이야기하는 것이다. 어둠 속에서 어떤 의심이 밀려오든 하나님께 그 의심을 가져가서 기도로 말씀드려야 한다.

예레미야서 20장은 고통당하는 신자의 기도다. 독방에 갇혀 있는 선지자를 상상해 보라. 육체적 고통으로 그는 쇠약해졌고 감정의 소용돌이 가운데 지쳐 있다. 내일 어떻게 될지 모른다는 두려움이 온몸을 휘감고 있다. 이제 그의 입에서 나오는 첫마디를 들어 보라. 그 말은 전능하신 하나님을 향한 기도의 형태다. 선지자는 "여호와여!"라고 울부짖는다(7절).

하나님은 우리의 모든 문제를 그분 앞으로 가져오라고 초대하신다. 이 일은 역사 이래 경건한 사람들이 해 온 바다. 이것은 사랑하는 가족들이 죽어 슬퍼하면서 욥이 한 일이다(욥 1:21). 이것은 다윗이 사울 왕을 피해 동굴에 숨었을 때 한 일이다(시 57편). 이것은 요나가 하나님에게서 도망치다가 큰 물고기 배 속에 들어갔을 때 한 일이다(욘 2장). 이것은 예수님이 우리 죄로 인해 고난을 받다가 사랑하는 아버지에게서 버림받은 기분을 느낄 때 하신 일이기도 하다. "나의 하나님, 나의 하나님"(마 27:46). 그분은 그렇게 부르짖으셨다.

심지어 예레미야처럼 하나님이 해답이 아니라 오히려 문제라는 생각이 들 때도, 하나님이 우리가 당하는 고통의 원인이라는 생각이 들 때도, 우리는 그런 생각을 하나님께 아뢰어야 한다. 영혼의 어두운 밤마다 은밀한 곳으로 문제를 가져가서 기도 가운데 하나님을 만나야 한다. 하나님이 아니면 누구에게 우리 마음을 그토록 온전히 쏟아 낼 수 있는가? 하나님이 아니면 누가 우리 문제를 다룰 수 있는가? 감정을 숨길 필요가 없다. 우리는 언제든 영적 갈등을 기도 가운데 가져갈 수 있다.

영혼의 어두운 밤에 드리는 예배

그날 밤 예레미야가 감옥 안에서 기도할 때 놀라운 일이 일어났다. 그의 마음에서 믿음이 솟아나기 시작했다. 성령이 그의 영혼을 어루만지고 계셨다. 갑자기, 전혀 뜻밖에도, 그는 불평을 멈추고서 짧은 예배를 드렸다. 물론 외로움과 두려움도 느끼고 있었다. 의기소침과 낙심도 있었다. 그 순간 하나님이 자신에게 등을 돌리셨다고 믿었다. 그럼에도 예레미야서 20장 11-13절에서 그는 하나님께 짧은 예배를 올린다. 바로 이것이 영혼의 어두운 밤에 두 번째로 할 일이다. 이런 상황에서 하기에는 이상한 행동처럼 보일 수 있지만 그럼에도 우리는 하나님께 예배를 드려야 한다.

예레미야의 예배는 짧지만 형식을 완벽히 갖추고 있었다. 그의 시편에는 신앙고백, 구원을 위한 간구, 찬양이 포함되어 있다. 우선 예레미야의 신앙고백은 다음과 같다.

> "그러하오나 여호와는 두려운 용사 같으시며 나와 함께하시므로 나를 박해하는 자들이 넘어지고 이기지 못할 것이오며 그들은 지혜롭게 행하지 못하므로 큰 치욕을 당하오리니 그 치욕은 길이 잊지 못할 것이니이다"(11절)

예레미야는 자신이 겪는 일을 이해할 수 없었다. 심지어 하나님도 자신에게 등을 돌리신 것 같았다. 하지만 그런 상황에서도 그는 구원자의 성품에 관해서 아는 것을 고백했다. 칼뱅은 이 구절에 관해 다음과 같이 썼다.

> 여기서 선지자는 자신에게 맞선 모든 계략에 대해 하나님의 도우심을 확신하고 있다. 한편으로는 친구들이 그를 배반하고 덫에 빠뜨리려 은밀히 시도하고, 다른 한편으로는 적들이 노골적으로 그를 반대해도, 그는 하나님이 자신을 충분히 보호해 주시리라는 점을 의심하지 않았다. [10]

예레미야는 하나님이 멀리 계신다고 느꼈지만 자신과 함께 계심을 믿었다. 자신이 무력하게 느껴질 때도 그분이 강하시다는 것을 알았다. 적들이 이기는 듯해도 결국 패할 것이라 기대했다. 그래서 의심하고 싶은 순간에도 하나님이 자신의 구원이라고 고백했다.

당신의 실질적인 신앙고백은 무엇인가? 교회에서 외우는 신조 말고 매일 당신이 삶으로 보여 주는 확신은 무엇인가? 당신은 고난당하는 중에도 하나님이 강한 용사처럼 당신과 함께 계신다고 고백할 수 있는가?

그다음은 구원을 청하는 기도다. 예레미야는 마음 깊은

곳에서 하나님의 돌보시는 사랑을 믿었다. 그래서 그분께 도움을 요청한다.

> "의인을 시험하사 그 폐부와 심장을 보시는 만군의 여호와여 나의 사정을 주께 아뢰었사온즉 주께서 그들에게 보복하심을 나에게 보게 하옵소서"(12절)

예레미야는 의심이 밀려올 때 자신의 힘으로 문제를 해결하려 들지 않았다. 그 대신, 문제를 하나님께 맡겼다. 원수를 갚아 달라고 하나님께 기도했다. 우리의 문제는 예레미야와 다를 수 있지만 원칙은 같다. 하나님이 우리와 함께하시고 우리를 도우실 능력이 있다고 믿는다면 오직 그분만이 주실 수 있는 도움을 구해야 한다.

앞에서 티시 해리슨 워런의 《밤에 드리는 기도》를 소개했다. 워런이 이 책을 쓴 이유 가운데는 현대 교회가 공동기도문에 포함된 옛 저녁 기도를 자주 활용하기를 바라는 마음이 있었다. 그녀에 따르면, 어두운 밤에 필요한 것은 "하나님의 방대한 신비, 하나님의 능력의 확실성, 하나님의 선하심에 대한 확신"[11]을 경험할 수 있는 방법이다. 저녁 기도는 이런 경험을 가능하게 해 준다.

사랑하는 주님, 이 밤에 일하거나 망을 보거나 우는 자들을 지켜 주소서. 주님의 천사들로 하여금 잠자는 자들을 돌보게 하소서. 주님, 병자를 돌봐주소서. 지친 자들에게 쉼을 주시고, 죽어 가는 자를 축복하시며, 고통받는 자들을 위로하시고, 괴로워하는 자들을 불쌍히 여기시며, 기뻐하는 자들을 보호하소서. 주님의 사랑으로 인하여 그렇게 해 주소서. 아멘.

예레미야는 의심을 품은 때에도 찬양으로 예배를 마칠 만한 믿음이 있었다. 감옥 안의 바울과 실라처럼(행 16:25) 그의 입에서 찬양이 흘러나왔다.

> "여호와께 노래하라 너희는 여호와를 찬양하라 가난한 자의 생명을 행악자의 손에서 구원하셨음이니라"(렘 20:13)

무릎을 꿇고 찬양을 드리는 예레미야의 모습을 상상해 보라. 숨이 차서 긴 찬송은 부를 수 없었던 것일까? 어쨌든 최소한 짧은 찬양은 부를 수 있었다. 그는 영혼의 어두운 밤에도 의심의 구름을 뚫고 확신을 품고 나아가 하나님을 찬양했다. 이 짧은 찬양에서 가난한 자가 단수라는 점에 주목하라. 따라서 여기서 가난한 사람은 '가난한 한 사람', 즉 예레미야 자신을 의미한다. 예수님이 우리를 구원하신다는 말은 그분이 우리를 한 개인으로 보시고 한 개인으로 구원하신다는 뜻이다.

예레미야처럼 디트리히 본회퍼도 하나님의 말씀을 전하다가 감옥에 갔었다. 본회퍼는 나치 포로수용소에서 영혼의 어두운 밤을 겪었다. 하지만 그곳에서도 이 용감한 신학자는 하나님 찬양을 멈추지 않았다. 그는 예레미야처럼 하나님을 예배했다. 그가 감옥에서 드린 유명한 기도를 들어 보라.

> 저는 외롭지만 당신은 저를 버리지 않으십니다.…
> 저는 불안하지만 당신으로 인해 평안합니다.…
> 저는 당신의 길을 이해하지 못하지만 당신을 위한 옳은 길은 압니다.[12]

심지어 하나님의 돌보시는 사랑이 의심될 때도 그분을 찬양해야 한다. 나는 어느 날 어두운 밤을 맞았을 때 내 생각과 감정을 하나님께 글로 표현한 적이 있다. 그 글의 도입부는 질문으로 끝난다.

> 예수님, 어둠 속에 있는 제 말을 들어 주십시오. 이 죽어 가는 죄인의 간청을 들어 주십시오. 제가 한 모든 일은 공허하고 무가치합니다. 제 안에 선한 것이라곤 하나도 없습니다. 외롭고 절박한 제게 오셔서 저를 구원해 주시겠습니까?

보다시피 이 글은 기도 형식인데, 이것이 하나님과의 대화에서 절반을 차지한다. 우울하고 낙심될 때 할 수 있는 가장 좋은 행동은 예배하러 가는 것이다. 계속해서 고백하고, 계속해서 기도하고, 계속해서 예배하고 찬양하라. 심지어 불평거리가 있을 때도 하나님에 대한 믿음을 고백하고 구원을 위해 기도한 다음, 그분의 이름을 찬양하며 예배해야 한다.

찬양과 절망 사이를 오가는 기도

예레미야의 예배와 찬양으로 이 시편이 마무리되면 좋겠지만 이야기는 그렇게 끝나지 않는다. 우리는 성경을 있는 그대로 읽어야 한다. 이번에는 이야기가 몹시 우울하게 끝난다. 찬양의 마지막 음이 공중으로 완전히 흩어지기도 전에 예레미야는 그냥 죽고 싶다고 말한다.

"내 생일이 저주를 받았더면, 나의 어머니가 나를 낳던 날이 복이 없었더면, 나의 아버지에게 소식을 전하여 이르기를 당신이 득남하였다 하여 아버지를 즐겁게 하던 자가 저주를 받았더면, 그 사람은 여호와께서 무너뜨리시고 후회하지 아니하신 성읍같이 되었더면, 그가 아침에는 부르짖는 소리, 낮에는 떠드는 소리를 듣게 하였더면, 좋을 뻔하였나니 이는 그가 나를 태에서 죽이지 아니하셨으며 나의 어머니를 내 무덤이 되지 않게 하셨으며 그의 배가 부른 채로 항상 있지 않게 하신 까닭이로다"(렘 20:14-17)

이는 성경에서 가장 독한 저주가 아닐까 싶다. 예레미야는 의심을 떨쳐 내는 것 같더니 마크 탈봇이 지독한 "믿음의 위기"라고 부르는 그것을 맞아 다시 "생명을 저주하는 절망"에 빠져들었다.[13] 이때가 예레미야의 사역에서 사기가 가장 크게 떨어졌던 순간일 것이다. 그 순간 그는 삶이 자기 뜻대로 풀리지 않을 때 많은 사람이 하는 행동을 했다. 하나님을 비난하고 그분의 부르심을 거부하고 자신이 태어난 날을 저주한 것이다.

예레미야는 자신의 생일을 축하하기는커녕 저주한다. 그는 과거로 돌아가 자신의 탄생에 조금이라도 개입한 사람들에게 따지고 싶어 한다. 특히 자신의 아버지에게 '좋은 소식'을 전해 준 사람이 아직 핏덩이였던 자신의 목을 졸랐다면 좋았을 것이라고까지 생각한다.

예레미야의 기분은 찬양에서 저주 사이를 미친 듯이 오간다. 한 구절은 소리 높여 찬양하는 시편이다. 하지만 그다음 구절은 지독한 절망의 애가다. 이에 일부 학자들은 14절이 "13절 다음 자리에 어울리지 않는다"라는 결론을 내렸다.[14] 그들은 20장에서 예레미야의 말이 뒤죽박죽이라고 본다. 칼뱅도 어리둥절해했다. 그의 눈에는 "하나님께 감사를 드리다가 갑자기 정신 잃은 사람처럼 저주로 돌아서는 것이 거룩한 사람에게는 어울리지 않아" 보였다.[15]

예레미야가 정말 정신을 잃은 것인지도 모른다. 하지만 어찌되었든 이 구절들은 얼마든지 나란히 배치될 수 있다. 논리적으로는 서로 어울리지 않을 수 있지만 사람의 삶이 항상 논리적으로 이루어지는가? 예레미야의 저주가 찬양 뒤에 곧바로 이어진 것은 영혼의 길고 어두운 밤에는 으레 그런 일이 벌어지기 때문이다. 기도한다고 해서 상황이 무조건 좋아지는 것은 아니다. 특히, 당장 좋아지는 경우는 거의 없다. 오히려 더 악화되는 듯 보일 때도 있다. 그래서 때로 우리는 불평에서 기도로 갔다가 다시 저주로 돌아간다. 성경은 이런 혼란을 서슴없이 이야기한다. 심지어 위대한 성자들의 삶에도 이런 혼란이 기록되어 있다. 데렉 키드너는 예레미야서 20장에 관해서 이렇게 말한다. "(예레미야처럼) 고난당하는 이들의 고통스러운 울부짖음과 함께 이런 상처가 날것 그대로 성경에 남아 있는 까닭은 역사 이래 이어져 온 인간 고통의 지독함 혹은 이 고통을 가장 훌륭하게 극복한 이들의 연약함을 잊지 않도록 하기 위해서다."[16]

우리는 예레미야가 하나님이나 부모를 저주하기 직전에

멈췄다는 것을 눈여겨봐야 한다. 아마도 두 가지 죄 모두 이스라엘에서 사형 죄에 해당하기 때문일 것이다(레 20:9; 24:13-16). 그는 이 어두운 순간 자신의 삶에 무슨 의미가 있는가 생각하면서도 자살하지는 않았다. 어느 절박한 영혼들처럼 그는 질문을 던진다. 그 질문으로 예레미야서 20장이 마무리된다.

> "어찌하여 내가 태에서 나와서 고생과 슬픔을 보며 나의 날을 부끄러움으로 보내는고"(18절)

고난이 던지는 거대한 물음표

영혼의 어두운 밤은 예레미야의 존재에 거대한 물음표를 던졌다. 예레미야는 육체적인 고문과 공개적인 굴욕의 수치, 사람들이 하나님에게 등을 돌리는 모습을 보며 밀려오는 슬픔을 겪었다. 예레미야처럼 믿음이 강한 사람도 답보다 질문이 많을 때가 있었다. 영적인 어둠 속에서 그는 자신이 창조된 것, 자신이 구원받은 것, 자신이 소명받은 일을 비롯하여 모든 것을 의심했다.[17] 많은 목회자들이 경험하듯 그는 그냥 모든 것을 그만두고 싶었다. 최근 연구에 따르면, 그리스도인 리더의 60퍼센트가 "너무 빨리 포기하고, 믿음을 잃고, 엉망이 되고, 크게 넘어진다."[18]

예레미야서 20장이 물음표로 끝나지만 그 물음표가 완전한 끝은 아니라는 사실에서 우리는 소망을 찾아야 한다. 물론 영혼의 어두운 밤에 있는 사람은 빛을 볼 수 없다. 하지만 아침이 오면 동이 튼다. 그래서 21장은 하나님이 주시는 새로운 말씀으로 시작된다. 예레미야는 그 말씀을 충성스럽게 선포한다. 그는 다음 날까지 살아서 하나님의 말씀을 전했다. 그의 사역은 계속 이어졌고, 나중에 그는 모든 나라를 위한 소망의 선지자가 되었으며 다음과 같은 유명한 고백을 했다.

> "여호와의 인자와 긍휼이 무궁하시므로 우리가 진멸되지 아니함이니이다 이것들이 아침마다 새로우니 주의 성실하심이 크시도소이다"(애 3:22-23)

한 걸음 물러나 성경 전체의 시각에서 보면 예레미야 선지자가 20장 끝에 묶어 놓은 물음에 대한 좋은 답을 얻을 수 있다. 왜 그는 어머니의 태에서 나와 고통과 슬픔을 겪고 있는가? 하나님은 예레미야를 불러 사역을 맡기신 1장에서 이미 답을 주셨다. 예레미야는 하나님이 자신에게 하셨던 첫 말씀을 기억해야 했다.

"내가 너를 모태에 짓기 전에 너를 알았고 네가 배에서 나오기 전에 너를 성별하였고 너를 여러 나라의 선지자로 세웠노라"(렘 1:5)

예레미야는 고통의 뿌리를 찾아 어머니의 태까지 찾았지만 그것으로는 충분하지 않았다. 하나님의 약속은 그 이전까지로 거슬러 올라간다. 바로, 예레미야가 잉태되기도 전이다. 하나님은 예레미야를 위해서(그리고 우리를 위해서도) 태초 이전에 목적을 품고 계셨다. 예레미야 선지자와 마찬가지로 하나님은 구원과 사역을 위해 영원 전부터 우리를 구별하셨다.

성경은 하나님이 "곧 창세전에 그리스도 안에서 우리를 택하사"(엡 1:4)라고 말한다. 또한 하나님은 세상에서 그분의 일을 하기 위해 우리를 구별하셨다. 성경은 이렇게 말한다. "우리는 그가 만드신 바라 그리스도 예수 안에서 선한 일을 위하여 지으심을 받은 자니 이 일은 하나님이 전에 예비하사 우리로 그 가운데서 행하게 하려 하심이니라"(엡 2:10). 고난이 우리의 존재 의미에 거대한 물음표를 던질 때도 하나님은 우리를 위해 사랑 가득한 계획을 품고 계시며, 예수 그리스도 안에서 우리를 향한 그분의 은혜는 언제나 이 물음표를 압도한다.

휘튼대학 졸업생 앤드루 브룬슨의 간증이 생각난다. 그는 복음을 전하다가 튀르키예의 감옥에 735일 동안 갇혀 있었는데 대부분 독방에 있었다. [19] 그는 그곳에서 육체적, 정서적 고통은 물론 영적으로도 큰 고통을 겪었다.

> 감옥에서의 2년은 무엇보다도 하나님의 침묵을 경험한 세월이었다. 하나님의 임재가 전혀 느껴지지 않았다. … 하나님과의 친밀함이 사라지자 하나님을 향한 마음의 문이 닫혔다. 육체적으로 무너졌다. … 정서적으로 무너졌다. 그렇게 나는 영적 위기에 빠져 버렸다.

브룬슨은 감옥에서 보낸 첫해에 너무 큰 상처를 받아서 "오 신실하신 주"라고 찬양할 수 없었다고 고백한다. 하지만 결국 하나님은 그의 마음속에 한 노래를 두셨다.

> 그것은 도약이라기보다는 전환이었고, 회복으로 이어졌다. 내 상태에 관한 생각과 하나님에 대한 기대를 내려놓고 그냥 하나님께 충성하기로 결심한 것이 전환점이었다. 나는 이렇게 말했다. "하나님이 무엇을 하시고 무엇을 하시지 않든, 저는 하나님을 따르겠습니다. 하나님이 음성을 들려주시지 않아도 그래도 저는 하나님을 따르겠습니다. 하나님의 임재를 느끼게 해 주지 않으셔도 그래도 저는 하나님을 따르겠습니다. 제가 풀려나게 도우시지 않아도 그래도 저는 충성하겠습

니다. 하나님과의 관계를 위해 싸우겠습니다. 제 눈을 하나님에게서 돌리는 것이 아니라 하나님을 향하기로 선택합니다."

밑바닥까지 떨어져 약해질 대로 약해진 나는 방향을 기껏해야 아주 조금밖에 바꿀 수 없다는 것을 알았다. 하지만 그분을 향해 1도만 움직이더라도 그분에게서 멀어지는 방향으로 1도 움직인 것과는 하늘과 땅만큼 차이가 있음을 알았다.

우리 구주께서도 십자가에 달리셨을 때 똑같이 하셨다. 그분의 십자가 위에는 거대한 물음표가 달려 있었다. 그분은 이렇게 부르짖으셨다. "나의 하나님, 나의 하나님, 어찌하여 나를 버리셨나이까"(마 27:46). 하늘이 답변을 거부하자 예수님은 물음표를 안고 죽으셔야 했다. 사흘 뒤 부활하실 때까지는 답을 얻지 못하셨다. 하지만 우리 주님께서는 결국 답을 얻으셨다. 부활은 우리의 죄를 위한 아들의 대속적 희생에 대한 성부 하나님의 답이요, 예수님이 결국 버림받지 않았고 영원한 영광으로 들리셨다는 증거였다.

믿으면서도 의심이 밀려오는가? 거대한 물음표를 안고 오늘을 살아가고 있는가? 그렇다 해도 하나님께 말씀드리기를 그만두지 말라. 다시 예배를 시작하라. 결국 빈 무덤을 만나게 될 것이다.

8.

하나님의
치유가
의심될 때

"병을 고쳐 달라고 아무리 기도해도 소용없어."

예수께서 이르시되 할 수 있거든이 무슨 말이냐
믿는 자에게는 능히 하지 못할 일이 없느니라 하시니
곧 그 아이의 아버지가 소리를 질러 이르되
내가 믿나이다 나의 믿음 없는 것을 도와주소서 하더라
마가복음 9:23-24

사랑하는 자식의 병을 고쳐 달라는 부모의 간구보다 더 절박한 기도가 있을까?

한 아프리카인 부부가 예쁜 딸 엘라의 치유를 위해 기도했다. 엘라는 산소 흐름을 70퍼센트로 제한하는 심장 질환을 안고 태어났다. 현지 의사들은 손쓸 방도가 없으며 아이가 다섯 살을 넘기기 힘들 것이라고 말했다. 부모는 엘라를 이웃 나라 큰 병원으로 데려갔다. 심장 수술이 가능할지도 모른다는 사실을 알아냈지만 수술을 받으려면 또 다른 나라로 가야 했다. 하지만 그 나라에서 비자 발급이 거부되었고 부부의 마음은 무너져 내렸다. 그들은 믿음으로 기도했지만 여전히 의문에 사로잡혀 있었다. '과연 우리 딸이 나을 수 있을까?'

치유될 희망이 없을 때

성경에서 이 가족의 고통을 가장 잘 이해할 수 있는 사람이 있다면 마가복음 9장에 나오는 아버지일 것이다. 절박했던 그 아버지는 예수님께 아들을 고쳐 달라고 요청한다.

이 아버지는 의심을 품고 있었다. 예수님의 제자들이 이미 애를 써 봤지만 완전히 실패했기 때문이다. 아버지는 예수님께 상황을 설명했다. "선생님 말 못하게 귀신 들린 내 아들을 선생님께 데려왔나이다 귀신이 어디서든지 그를 잡으면 거꾸러져 거품을 흘리며 이를 갈며 그리고 파리해지는지라 내가 선생님의 제자들에게 내쫓아 달라 하였으나 그들이 능히 하지 못하더이다"(17-18절).

마가복음을 보면, 예수님은 제자들에게 이미 귀신을 내쫓을 권세를 주신 상태였다(3:15; 6:7). 그 결과 제자들은 이미 여러 번 기적적인 치유를 행했다(6:13). 하지만 이번에는 아무리 용을 써도 소용이 없었다. 그 이유가 무엇이었을까? 마태복음의 기록을 보면 제자들도 조용히 예수님께 같은 질문을 했다. "우리는 어찌하여 쫓아내지 못하였나이까"(마 17:19). 이에 예수님은 이렇게 대답하셨다. "너희 믿음이 작은 까닭이니라"(마 17:20). 이것이 불신과 싸워야 할 또 다른 중요한 이유다. 우리의 믿음이 작으면 어려움에 처한 사람들을 제대로 도울 수 없거나 아예 도울 수 없다.

여러 학자들은 마가복음의 이 소년이 뇌전증과 비슷한 증상을 보인다고 지적했다.[1] 하지만 여기에는 영적인 차원도 있었다. 이 소년은 귀신이 심하게 들린 경우였다. 이 이야기 곳곳에서 "더러운 귀신"이 언급되는 것을 보아 알 수 있다. 따라서 이 아이에게는 육체적 치유뿐 아니라 영적 치유가 필요했다. 간단히 말해, 축사(exorcism)가 필요한 것이다. 그곳에 있던 군중은 그 모습을 직접 볼 수 있었다. 그들이 소년을 예수님께 데리고 왔을 때 "귀신이 예수를 보고 곧 그 아이로 심히 경련을 일으키게 하는지라 그가 땅에 엎드러져 구르며 거품을 흘리더라"(막 9:20).

예수님은 소년의 병력에 관해 물으셨다. "언제부터 이렇게 되었느냐"(막 9:21). 더 정확히 진단하려고 물으신 것이 아니었다. 소년의 아버지가 무엇이 필요한지 직접 말하도록 하기 위해서였다. 절박한 아버지는 대답했다. "어릴 때부터니이다 귀신이 그를 죽이려고 불과 물에 자주 던졌나이다"(막 9:21-22).

소년의 의료적, 영적 상태가 정확히 무엇이었든 평생 지속된 고질이었다. 그리고 치명적인 증상이었다. 아버지는 아들을 잃을까 두려웠다. 그런 의미에서 성경은 마귀가 "우는 사자같이 두루 다니며 삼킬 자를 찾"는다고 정확히 묘사한다(벧전 5:8). 사탄은 할 수만 있다면 우리의 몸과 영혼을 파괴하려고 한다. 이것이 우리 모두에게 치유가 필요한 이유다. 우리는 육체적, 영적, 심리적 치유가 필요하다. 우리는 이 타락한 세상에서 살기 때문에 해를 입는다. 살다 보면 누구나 지친 영혼이 소생되고, 슬픈 마음이 위로를 받고, 망가진 몸이 치유되어야 할 때가 있다. 이 악한 세상에서 우리는 개인적으로나 집단적으로나 사람들의 악한 행동 때문에 해를 입는다. 이 모든 일의 배후에는 에덴동산 이후로 인류에게 해를 가한 원수가 있다. 우리 존재를 파괴하려는 악한 마귀가 있다.

아팠거나 다쳐 본 사람이라면 이 불쌍한 가족이 얼마나 절망적일지 공감할 수 있을 것이다. 제자들의 실패는 아버지의 절박감을 가중시켰다. 예수님이 도착하셨을 즈음 사람들은 서로 입씨름을 벌이고 있었다. 아무도 해결할 수 없는 문제 앞에서 우리는 자주 이렇게 행동한다.

제자들은 이 상황을 감당할 수 없었던 것이 분명하다. 우리도 이런 경험을 자주 해 봐서 안다. 우리가 무기력해지는 이유, 때로 하나님의 역사를 의심하게 되는 이유는 우리 자신의 문제 때문만이 아니다. 우리가 도우려는 사람들이 가진 문제 때문에 무기력해지기도 한다. 우리는 사랑하는 사람이 불치병으로 괴로워하는 모습을 본다. 슬픔을 가눌 길 없는 사람을 위로해 보려고 애를 쓴다. 누군가의 병이 낫기를 위해 기도하지만 병세는 점점 짙어질 뿐이다. 그럴 때 우리는 우리 자신이나 사랑하는 사람들이 치유될 수 있을지 의심하기 시작한다. 과연 희망은 있는 것일까?

모든 문제를 주님께 가져가다

치유되려면 기적밖에 답이 없어 보이는 상황이 있다. 마가복음 9장의 상황이 바로 그러했다. 키스 존슨은 이렇게 설명한다.

그 아버지에게는 기적이 필요했다. 그의 아들은 영적인 병으로 자주 발작을 일으켜 땅에 뒹굴고 입에 거품을 물었다. 공포는 언제라도 닥칠 수 있었다. 한번은 그의 아들이 불 옆에 서 있다가 불 쪽으로 넘어져 심한 상처를 입었다. 물에 빠져

서 익사할 뻔한 적도 있다. 아버지는 아들 때문에 늘 노심초
사했다. 그는 아들에게서 한시도 눈을 떼지 않았다. 어떤 의
원도 손쓸 수 없었다. 예수님이라면 뭔가 하실 수 있을지도
몰랐다.[2]

그렇다. 예수님은 뭔가 하실 수 있을지도 모른다. 이것이
아버지의 유일한 희망이었다. 그런데 현장에 도착하신 예수
님은 심한 좌절감에 휩싸이신 것처럼 보인다. 이것은 사복음
서에서 통렬한 순간 중 하나다. 우리 구주께서는 타락한 인류
의 문제들로 인해 마음이 한없이 무거워지셨다. 그 답답한 심
정을 이렇게 토로하셨다. "믿음이 없는 세대여 내가 얼마나 너
희와 함께 있으며 얼마나 너희에게 참으리요"(19절). 예수님은
그들의 불신에 깊이 실망하셨다.

예수님은 이 수사의문문의 답을 기다리지 않고 소망을 주
는 초대를 하신다. "그를 내게로 데려오라"(19절). 이 단순한 초
대는 소년의 인생에서 큰 전환점이 되었다. 이 초대는 오늘
날 치유가 필요한 모든 사람에게 진정한 소망을 준다. 우리
가 아끼는 사람들이 도움을 필요로 할 때마다 우리는 무리 속
의 이 아버지처럼 그들을 예수님께로 데려가야 한다. 이는
그들에게 필요한 것을 위해 기도하며 그들에게 이타적인 사
랑을 보여 주는 방법이다. 우리 자신의 문제에 대해서도 그

렇게 할 수 있다.

예수님은 사실상 이렇게 말씀하고 계신다. "그 문제를 내게로 가져오라. 미래에 관한 걱정을 내게로 가져오라. 뭔가가 잘못될지 모른다는 불안감을 내게로 가져오라. 만성질환을 내게로 가져오라. 깨진 관계들과 네가 당한 학대를 내게로 가져오라. 실망스러운 일과 네 삶을 지배하는 중독을 내게로 가져오라. 네가 가진 문제가 크든 작든 모두 내게로 가져오라."

그리하여 마가복음 9장의 아버지는 아들을 예수님께로 데려갔다. 바로 그때 귀신이 그 아이를 사로잡아 발작을 일으켰다. 어떻게 해야 할까? 오직 예수님만 도우실 수 있다. 키스 존슨에 따르면 "그 아버지는 절박감에서 나온 용기로 예수님께 아들의 치유를 부탁했다."[3]

이 아버지의 기도를 자세히 보라. "무엇을 하실 수 있거든 우리를 불쌍히 여기사 도와주옵소서"(22절). 몇 가지 긍정적 요소가 보인다. 이 아버지는 아들을 예수님께로 데려갔다. 그는 사랑 많으신 하나님의 아들에게 연민을 호소했다. 사실 그는 한 번도 해 본 적 없는 일에 용기를 내었다. 예수님께 도움을 요청한 것이다. 주변에 치유가 필요한 사람이 있다면 우리도 이렇게 해야 한다.

문제는 이 간청이 조건절로 시작되었다는 것이다. 이 아버지가 예수님의 치유 능력을 전적으로 확신하지 못함을 예수님은 아셨다. 그래서 예수님은 이렇게 말씀하셨다. "할 수 있거든이 무슨 말이냐 믿는 자에게는 능히 하지 못할 일이 없느니라"(23절).

예수님은 이 말씀을 어떤 식으로 하셨을까? 그분의 몸짓과 목소리는 어떠했을까? 노기를 띤 목소리였을까? 눈살을 살짝 찌푸리고 날카로운 눈빛으로 "할 수 있다면?"이라고 되물으셨을까? 이 아버지는 밤하늘에 별을 흩뿌리고 우리의 폐에 처음 숨을 불어넣으신 우주의 창조주를 마주하고 있다. 그는 다리 저는 자를 걷게 하고 시각장애인을 눈뜨게 하는 기적을 일으키신 분 앞에 서 있었다. 전능하신 하나님의 아들과 이야기를 나누고 있었다. 그런데 이 위대하신 구주께 "무엇을 하실 수 있거든"이라니, 이 얼마나 불경한 말인가.

예수님은 이 아버지의 불안과 불신 앞에서 얼마든지 화를 내실 수도 있었다. 하지만 그분은 유머로 응답하셨다. 우리 주 예수 그리스도의 치유 능력에는 의심의 여지가 없다. 그분은 당연히 치유의 기적을 행하실 수 있다. 그럴 수 없다는 생각은 그야말로 황당무계한 것이다.

믿음과 회의주의 사이에서

이제 마가복음에서 가장 공감 가는 장면이 나온다. 예수님이 "믿는 자에게는 능히 하지 못할 일이 없느니라"(9:23)라고 말씀하시자 무리 속의 아버지는 거의 믿을 뻔했다. 그의 입에서 나온 첫마디는 믿음의 고백이었다. "내가 믿나이다." 하지만 그는 완전히 믿지 못한 것이 분명했다. 숨도 쉬지 않고 곧바로 이렇게 외쳤기 때문이다. "나의 믿음 없는 것을 도와주소서"(9:24).

우리가 성경에서 만날 수 있는 위대한 사람들 중 상당수가 그러하며, 또 우리 대부분이 그렇듯 이 아버지는 의심하는 신자였다. 그는 믿음과 회의주의 사이에 서 있었다. 필립 얀시의 표현을 빌리자면 "믿음의 국경지대"에 있었다.[4] 그는 분명 믿었다. 그는 치유받기 위해 아들을 데려왔고, 구주의 연민을 보았고, 더 큰 믿음을 달라고 기도했을 정도로 예수님을 믿었다. 하지만 그러면서도 그는 믿기 힘들어했다. 이것이 그가 "하실 수 있거든"이라고 말하고 예수님께 자신의 "믿음 없음"을 도와 달라고 요청한 이유다. 여기서 이중 기도를 볼 수 있다. 즉 치유를 위한 기도와 믿음을 위한 기도가 함께 나타난다. 이 남자는 기적을 요청할 믿음은 품고 있었지만, 동시에 자신의 불신에 도움이 필요하다는 것을 알 정도로 의심도 품고 있었다.

물론 기독교 신앙의 핵심 진리를 적극 부인하는 사람들도 있다. 이런 의미에서 불신자들은 성경의 진리나 예수 그리스도의 신성, 예수의 대속적 죽음과 몸의 부활을 통해 가능해진 구원을 믿지 않겠다고 말하는 자들이다. 이런 불신은 죄다. 이것이 우리가 의심에 굴복하지 말고 의심과 씨름해야 하는 이유다. 성경은 분명히 말한다. 복음을 부정하는 자는 하나님 나라를 물려받지 못한다(계 21:8 참고). 히브리서 기자는 우리에게 생명을 주는 경고를 한다. "형제들아 너희는 삼가 혹 너희 중에 누가 믿지 아니하는 악한 마음을 품고 살아 계신 하나님에게서 떨어질까 조심할 것이요"(히 3:12).

하지만 마가복음의 아버지는 이런 불신을 품은 것이 아니다. 그는 예수님을 믿는 동시에 믿기를 힘들어하고 있었다. 이것이 모순처럼 보일지 모르지만 믿음과 의심이 함께 나타날 때가 많다는 것을 알아야 한다. 크리스천 와이먼은 자신이 지속적으로 겪는 영적 불안을 이야기하며 이 역설을 다루고 있다.

> 나는 항상 무언가가 내 영적 불안을 완전히 해소해 줄 것만 같다. 언젠가는 평안이 찾아오면서 내가 완벽한 신자가 될 것만 같다. 그래서 나는 책을 읽고 또 읽는다. 예술과 자연에서, 혹

은 나보다 확실한 믿음을 갖고 있는 것처럼 보여서 내가 존경하는 사람들과 대화를 하면서, 나는 강렬한 체험을 찾는다. 때로는 이런 일들이 도움이 되는 듯 보인다. 위안과 교훈을 줄 수도 있고 실제로 주기도 하기 때문이다. 하지만 하나님에 대한 이 강렬하지만 모호하고 일시적인 경험을 믿음이라고 부른다면, 언제나 불안이 다시 찾아오고 믿음이 내게서 빠져 나간다.[5]

우리의 영적 문제를 이해하려면 비유가 도움이 될 수 있다. 믿음과 의심은 스위치를 켜고 끄는 것이 아니라 조광기(調光機, dimmer)를 조절하는 것과 비슷하다. 때로는 믿음이 밝게 빛난다. 그러다 때로는 침침해진다. 따라서 마가복음 9장 24절의 상황은 우리 모두에게 익숙하다. 믿음과 의심 사이를 오락가락하는 것이다. 키스 존슨은 "(그 아버지가) 모든 신자의 상황을 보여 준다. 그리스도인의 삶 자체가 믿음과 의심의 역학 안에서 이루어지기 때문이다"라고 말한다.[6] 지금 이 순간 우리는 믿음과 의심 사이의 어느 지점에 있는가? 어떻게 해야 성령이 우리의 믿음을 밝혀 주실까?

절박한 이 아버지는 영혼의 조광기를 만지작거리다가 자신이 할 수 있는 최선의 행동을 했다. 예수님께 도움을 요청한 것이다. 프레데릭 뷰크너는 "내가 믿나이다 나의 믿음 없는 것을 도와주소서"라는 기도가 "우리가 할 수 있는 최선이고, 감사하게도 그것만으로 충분하다"라고 말했다.[7] 우리가 성경 속 의심하는 사람들을 연구하면서 거듭 확인했듯이, 의심과의 끝없는 싸움 속에서 드리는 한 번의 기도로 예수님만이 주실 수 있는 도움이 올 수 있다는 사실을 잊지 말아야 한다. 존슨은 그리스도인의 삶 속에서 의심의 자리를 고찰한 끝에 기도하면 믿음에 가까워진다는 귀중한 결론을 내렸다.

> 의심은 믿음의 반대말이 아니다. 의심은 그리스도인들이 이해의 한계 밖으로 과감히 나아갈 때 나타나는 믿음의 한 형태일 뿐이다. 의심이 꼭 불순종의 증거는 아니다. 오히려 의심은 신자가 "모든 생각을 사로잡아 그리스도에게 복종하게 하라"라는 명령에 순종할 때 나타나는 경우가 많다. 그렇다고 해서 의심을 가볍게 여기거나 그냥 받아들이라는 뜻은 아니다. 그리스도인들은 언제나 의심에서 확신으로 나아가야 한다. 하지만 이 여행은 길고 어려울 수 있다. 어쩌면 평생이 걸릴지도 모른다. 그리스도의 도우심이 필요한 여행이다. 이 아버지의 말은 모든 그리스도인에게 필요하다. "내가 믿나이다 나의 믿음 없는 것을 도와주소서!"[8]

믿음이 우리의 힘으로 끌어내야 하는 것이라면 이런 기도는 불필요하다. 하지만 성경은 믿음이 우리 안에서 나온다고 기술한 적이 없다. 성경은 언제나 믿음을 하나님의 선물로 정의한다. 사도 바울은 말한다. "너희는 그 은혜에 의하여 믿음으로 말미암아 구원을 받았으니 이것은 너희에게서 난 것이 아니요 하나님의 선물이라"(엡 2:8). 믿음이 하나님의 선물이라면 우리가 의심 속에서 할 수 있는 최선의 행동은 믿을 수 있도록 도와 달라고 예수님께 요청하는 것이다. 바너버스 파이퍼에 따르면 "나의 믿음 없는 것을 도와주소서"라는 말은 "죄를 인정하는 말처럼, 실패를 선언하는 말처럼 느껴질" 수 있다. 하지만 그는 이렇게 말하는 것이 놀라운 믿음의 선포라고 덧붙인다.[9]

우리 구주께서는 자신의 의심을 솔직히 인정하면서 간절히 믿기 원하여 도와 달라고 요청하는 모든 이들을 불쌍히 여기신다. 예수님은 "의심하는 자들을 긍휼히 여기라"라는 유다서 22절을 누구보다 완벽히 실천하신다. 우리가 믿음의 선물을 구할 때 우리 구주께서는 우리에게도 같은 긍휼을 베풀어 주실 것이다.

물론 때로는 기도하기가 힘들다. 우리는 "하나님이 과연 우리의 기도를 듣고 응답하시는지" 의심을 품을 때가 아주 많기 때문이다. 퓨 리서치 센터는 미국인의 영성을 조사한 결과 다음 사실을 발견했다.

대부분의 회의주의자들은 기도를 실질적으로 경험한 적이 없
다. 그리스도인들이 "기도의 능력"을 말할 때, 회의주의자들
은 아무리 간절하게 기도해도 자신의 말을 들을 존재가 없다
고 믿으면서 "저 반대쪽"에 있는 어떤 존재나 어떤 것과도 실
질적으로 연결되지 못한다.[10]

진실은 하나님이 우리의 기도를 들으신다는 것이다. 하
나님은 항상 우리의 기도를 들으신다. 물론 하나님은 오래 참
으시므로 우리의 기도에 당장 응답하시지 않을 수 있다. 그리
고 더 큰 목적을 염두에 두고 계시기에 우리가 원하는 방식으
로 응답하지 않으실 수도 있다. 하지만 하나님이 기쁘게 응답
해 주시는 한 가지 기도가 있다. 우리가 믿게 도와 달라고 진
심으로 요청하는 기도다. 누구나 의심에 시달릴 때가 있다. 그
럴 때 우리는 특별히 믿음의 선물을 달라고 기도해야 한다. 마
가복음의 절박한 아버지처럼 기도해야 한다. "예수님, 믿습니
다. 하지만 잘 믿기지가 않습니다. 제 불신을 도와주십시오!"
바너버스 파이퍼는 이 기도에 대해 이렇게 말한다.

(이 기도는) 모든 그리스도인이 매일 드리는 부르짖음이어야 한
다. 이것은 깊은 절망 속에서 겨우 그 기도를 할 믿음밖에 없
는 사람의 부르짖음이다. 이것은 주일 아침 설교단에 서기

전, 열정으로 충만한 설교자의 부르짖음이다. 이것은 자녀에게 인내심이 바닥나고 있는 어머니, 포르노 영상을 보기까지 몇 번의 클릭만 하면 되는 사업가의 부르짖음이다. 이것은 영적으로 메말라서 성경을 펼 마음이 전혀 없는 사람, 로마서를 모두 읽고 오늘 아침 고린도전서를 읽기 시작한 사람의 부르짖음이다. 이것은 불륜 현장을 들킨 후 회개하고 수치스러운 길에서 떠나, 예수님 안에서, 그리고 가정 안에서 온전한 삶을 살기를 깊이 갈망하는 죄인의 부르짖음이다. 이것은 부족함을 고백하는 부르짖음이다. 이것은 희망을 축하하는 부르짖음이다. 이 기도까지 포함해야 온전한 신앙생활이라고 할 수 있다.[11]

빛 가운데 눈을 뜨는 날

영적 의심에 시달리는 사람에게는 어떤 일이 일어나는가? 감사하게도 대부분은 믿음이 더 강해진다. 연구 결과는 고무적이다. 바나그룹의 연구에 따르면 자신이 그리스도인이라고 밝힌 미국 성인 가운데 3분의 2는 "종교나 하나님에 관한 자신의 믿음에 의문을 품은" 적이 있다고 대답했다. 안타깝게도 그들 중 일부는 결국 하나님을 떠났다. 이것이 믿음을 지키려는 싸움이 그토록 중요한 이유다. 하지만 의심을 품었던 그리스도인들 중 대다수는 전보다 믿음이 더 굳세어져 돌아온다.[12] 할렐루야!

크리스천 와이먼도 정직한 영적 의심에 시달린 뒤에 이 사실을 발견했다. 그는 의심하는 과정이 지독히 고통스러웠다고 고백하면서도 그로 인해 자신의 영혼이 깨끗해졌다고 간증했다. 그에 따르면 "믿음의 기근이 아무리 극심해도, 당신의 회의주의가 당신 영혼의 땅에 온통 소금을 뿌린 것 같아도", 의심의 "심연에서는 튼튼한 믿음이 꾸준히 뿌리를 내리고 있다."[13]

마가복음 9장의 아버지에게 이런 일이 일어났음이 틀림없다. 의심에 빠졌던 이 절박한 아버지는 예수님이 자신의 아들을 고침으로 기도에 응답해 주시는 것을 보았다. 예수님의 방법은 극적이었다. 무리가 불어나고 있었다. 점점 더 많은 사람들이 무슨 일인지 보려고 몰려들었다. 그때 예수님은 "그 더러운 귀신을 꾸짖어 이르시되 말 못하고 못 듣는 귀신아 내가 네게 명하노니 그 아이에게서 나오고 다시 들어가지 말라"(25절)라고 하셨다. 사람들은 이로 인해 상황이 더 악화되었다고 생각했다. "귀신이 소리 지르며 아이로 심히 경련을 일으키게 하고" 나갔지만 "그 아이가 죽은 것같이 되어" 사람들은 그 아이가 "죽었다"고 생각했기 때문이다(26절).

실패처럼 보이는 이 일은 결과적으로 부활을 예시하는 사건이 되었다. 마가복음 9장 10절에서 예수님이 "죽은 자 가운데서 살아나는 것"을 말씀하셨을 때 제자들은 그 말이 무슨 뜻인지를 물었다. 이제 제자들은 그분의 부활의 능력을 보게 되었다. 예수님이 소년의 "그 손을 잡아 일으키시니 이에 일어"섰기 때문이다(27절). 그 소년은 남은 평생 "내가 죽었다가 살아났다"라고 말하고 다녔을 것이다. 그의 아버지는 자신이 의심했는데도 하나님은 신실하셨다고 간증했을 것이다. 그가 아들을 예수님께 데려간 것은 정말 잘한 일이었다. 비록 의심이 섞여 있었지만 그는 분명 믿음이 있었고 그로 인해 그의 아들은 치유되었다.

9장에서 암시되기만 했던 부활이 마가복음의 끝에서 영광스러운 완성에 이른다. 여인들이 십자가에서 돌아가신 그리스도의 빈 무덤을 찾아갔고 "눈을 들어본즉 벌써 돌이 굴려져 있"었다(16:4). 우리 구주께서 대속의 죽음을 맞으신 후 영광스럽게 부활하신 사건은 치유를 위한 우리 소망의 근거다. 아직 치유를 받지 못했을지 모르나 언젠가 치유될 것이다. 우리가 이 소망을 품는 것은 부활하신 그리스도를 믿기 때문이다. 위로를 주는 책인 《밤에 드리는 기도》를 보면 티시 해리슨 워런은 예수 그리스도의 부활에서 미래의 소망을 찾는다.

기독교의 이야기는 우리의 궁극적인 소망이 이생이 잘 풀리는 데 있지 않다고 선포한다. 우리는 "죽은 자의 부활과 내세의 삶"을 기다린다. 만물을 새롭게 하겠다는 하나님의 약속은 그분이 영원을 시간 속으로 가져오시기 전까지는 이루어지지 않을 것이다.

그리스도인들은 이런 우주적 재배치가 그리스도의 부활로 이미 시작되었다고 믿는다. 예수님의 부활은 사랑이 죽음을 이기고, 아름다움이 공포심보다 오래 가고, 온유한 자가 땅을 물려받고, 애통하는 자가 위로를 받는다는 유일한 증거다. 세상이 어둠 속에 갇혀 있는데도 내가 계속해서 기다리는 까닭은 내가 바라는 것들이 한낱 희망적 사고나 종교적 의식에 근거하지 않고 무덤 입구에서 굴려진 돌만큼이나 확실한 것에 근거하기 때문이다.[14]

마가복음의 아버지와 귀신 들린 아들 이야기는 결국 우리가 치유되리라는 소망을 주고, 그 소망 앞에서 우리의 의심은 흩어진다. 예수 그리스도는 우리의 영혼을 괴롭히는 귀신들, 우리를 무기력하게 만드는 어두운 감정들, 우리를 쇠약하게 만드는 질병들, 너무 깊어서 아무에게도 보이고 싶지 않은 상처들을 빈 무덤의 능력으로 다스리신다. 이 이야기의 끝에서 예수님은 제자들에게 이런 말씀을 하셨다. 그 말씀은 우리 자신의 고통스러운 문제에도 똑같이 적용된다. "기도 외에 다른 것으로는 이런 종류가 나갈 수 없느니라"(막 9:29). 우리는 고통을 달래기 위해 상상할 수 있는 온갖 방법을 동원할 수 있다. 하지만 결국 세상의 어떤 것도 부활하신 예수 그리스도의 이름으로 드리는 기도만큼 강력하지 않다는 사실을 발견하게 된다.

우리가 기도하면 예수님이 치유해 주신다. 물론 이는 하나님이 언제나 즉시 치료해 주신다는 뜻은 아니다. 심지어 모든 것을 이생에서 치유해 주시는 것도 아니다. 마가복음 9장에 기록된 치유 이야기는 우리에게 즉각적인 구원을 약속해 주지 않는다. 그것은 다가올 하나님 나라의 증표다. 그 나라가 임하는 날, 마침내 모든 슬픔이 위로를 받고 모든 고통이 사라지며 모든 눈물이 닦일 것이다.

우리는 완전한 치유를 기다려야 한다. J. R. R. 톨킨의 《반지의 제왕》에서 이를 생생하게 볼 수 있다. 프로도 배긴스는 운명의 산으로 가는 영웅적인 여행을 통해 중간계가 사우론의 압제에서 벗어나도록 돕는다. 그 후에 그는 독수리들에게 구조를 받아 치유의 집으로 간다. 그곳에서 정성 어린 돌봄을 받아 건강을 회복한다. 하지만 찔리고 물린 상처는 여전하다. 그동안 겪은 수많은 악으로 인해 그의 영혼은 여전히 괴로운 상태다. 그는 무거운 짐을 벗지 못할 것이다. 그에게 필요한 것은 이 세상이 줄 수 있는 것보다 더 온전한 치유다. 결국 그는 중간계를 떠나 불사의 땅으로 가야 한다.

우리 모두 이런 여행을 해야 한다. 옛 세상을 두고 떠나는 것은 슬픈 일이다. 하지만 깨어나서 예수님을 볼 때 치유가 있을 것이다. 죽음 이후의 삶에서는 모든 슬픔이 위로를 받고 모든 고통이 치유된다는 의미다.

엘라는 이런 상황이 어떤 느낌인지를 우리에게 들려줄 수 있지 않을까 싶다. 이번 장 첫머리에서 엘라의 안타까운 상황을 소개했다. 이 가련한 소녀는 심장 수술을 받아야 했지만 상황이 여의치 않았다. 그런데 감사하게도 엘라의 아버지가 빌리 그레이엄 장학금을 받아 휘튼대학 대학원에 입학하게 되었다. 덕분에 그의 가족은 미국에 입국할 수 있었고, 미국에 도착한 그들은 의료 보험 혜택을 받을 수 있음을 알았다. 곧 엘라는 시카고에서 몇 손가락 안에 드는 병원에서 수술을 받게 되었다. 모든 비용은 이미 처리된 상태였다.

병실에서 일어난 기적과도 같은 순간을 상상해 보라. 눈을 뜬 엘라가 아버지와 어머니를 보며 자신이 아직 살아 있음을 깨닫고 수술이 성공했다는 소식을 듣는 순간을 상상해 보라. 아이의 심장은 치유되었다.

때로는 의심하지만 그래도 진정으로 예수 그리스도를 믿는 것, 이 믿음을 선물로 받으면 우리는 언젠가 영원한 천국의 빛 속에서 눈을 뜨게 될 것이다. 그때 우리는 다시 살아났음을, 몸과 영혼이 완벽히 치유되었음을 알게 것이다. 주님, 우리가 이것을 믿게 도와주소서!

9.

하나님의
부활 능력이
의심될 때

"죽은 몸이 부활할 거라고? 말도 안 돼."

〔예수께서〕도마에게 이르시되
네 손가락을 이리 내밀어 내 손을 보고
네 손을 내밀어 내 옆구리에 넣어 보라
그리하여 믿음 없는 자가 되지 말고 믿는 자가 되라
요한복음 20:27

허무한 죽음만큼 영적 의심을 낳는 것이 또 있을까?

타이시아는 2022년 2월 러시아의 우크라이나 침공 후 겪은 끔찍한 상실로 인해 의심과 절망에 빠져들었다.[1] 타이시아는 약혼자인 알렉스와 함께 그해에 올릴 예정인 결혼식을 이야기하며 달콤한 꿈을 꾸고 있었다. 하지만 러시아가 침공하면서 타이시아는 난민이 되었고 알렉스는 우크라이나 군에

입대했다.

타이시아는 알렉스에게서 며칠간 연락이 없자 걱정이 되기 시작했지만 크게 놀라지는 않았다. "알렉스가 한동안 연락을 하지 못한 것은 이번이 처음이 아니었다. 인터넷과 휴대폰 연결이 끊긴 곳이 많았기 때문이다." 나흘 뒤 알렉스의 친구가 알렉스에게 전화를 하거나 문자를 보내도 소용없다고 타이시아에게 전했다. 알렉스가 교전 중에 사망했기 때문이다.

타이시아는 충격을 받았고 완전히 무너져 버렸다. 먹을 수도, 잘 수도 없었다. 시신이 심하게 훼손된 탓에 알렉스의 관은 장례식 내내 닫혀 있었다. 타이시아는 약혼자가 정말로 관 안에 있는지 의심스러웠다. 그녀는 하나님께 분노했고 성경을 손에서 놓았다. 기도를 하자니 분노의 말만 쏟아져 나왔다. 그녀는 나중에 이렇게 썼다. "슬픔과 울음과 고통의 수렁에 빠진 기분이었다. 미래가 보이지 않았다. 살 이유가 없는 것 같았다."

삶의 의지를 잃은 상태에서 타이시아는 하나님을 의심하면서도 그래도 그분께 다가갔다. 그녀는 이렇게 간증했다. "내 안에서 벌어지는 일을 견뎌 낼 힘이 더 이상 남아 있지 않았다. 그래서 기도했다. 사랑과 평안과 위로를 달라고 기도했다." 타이시아는 울다가 잠들었고 깨어나자마자 심신이 새로워진 것을 느꼈다. 마치 기적과도 같았다.

타이시아는 그렇게 죽었다가 살아난 일을 돌아보며 훗날 다음과 같이 썼다.

> 힘든 상황에서는 이 세상이 주는 고통만 바라보는 경우가 많다. 이런 고통이 우리 삶에 찾아올 것을 태초부터 아셨던 그리스도를 바라보는 일은 잊어버린다. 그리스도는 정확히 이런 상황에서 우리에게 필요한 위로를 이미 준비해 놓으셨다. 위로를 받을 수 있으리라는 소망을 버린 순간 하나님은 나를 위로해 주셨다. 나는 절박한 생각에 철저히 갇혀서 하나님이 그분의 아들을 포기하셨다는 사실을 잊어버렸다.

우리는 하나님이 우리를 위해 십자가에서 예수님을 포기하셨다는 사실을 잊지 말아야 한다. 하나님이 성령의 능력으로 그분을 무덤에서 다시 살리셨다는 사실도 잊지 말아야 한다. 예수님은 죽지 않고 살아 계신다. 예수님의 부활은 우리의 영혼 속에서 생명을 소생시키는 하나님의 역사의 원천이다. 심지어 죽음이 그분의 구원하시는 능력을 의심하게 만들 때도 우리 안에서 그 역사는 이루어지고 있다.

예수님의 부활을 의심한 제자들

때로는 죽음 이후에 삶이 있음을 믿기가 어렵다. 이것을 가장 잘 보여 주는 성경 이야기는 흔히 '의심 많은 도마'로 불리는 제자 이야기일 것이다. 나는 그를 '믿는 도마'라고 부르고 싶지만 그가 의심을 품었던 것은 분명 사실이다.

우리는 대부분 도마처럼 회의주의에 빠진 적이 있다. 무덤에서 부활하신 예수님과 제자들이 만나는 자리에 도마는 없었다(요 20:24). 그러니 예수님의 부활을 믿기 힘들 수밖에 없었다. 그가 왜 그 자리에 없었는지는 모르겠지만 하나님은 분명 이 의심의 경험이 우리의 믿음에 도움이 되리라는 사실을 아셨을 것이다.

도마는 단순히 포모 증후군(FOMO)을 겪은 것이 아니라 중요한 것을 실제로 놓쳤다. 그래서 다른 제자들이 "우리가 주를 보았노라"(요 20:25)라고 말했지만 그는 믿지 않았다. 이것은 충분히 이해할 만하다. 도마의 동료들은 죽은 자가 되살아났고 다시 죽지 않았다는 놀라운 주장을 펼치고 있었다. 그들은 이것이 육체적 부활이라고 분명히 말했다. 부활하신 그리스도께서 다시 죽을 수 없는 몸으로 자신들에게 나타나셨다고 말했다. 하지만 도마는 그 현장에 없었다. 그러니 어찌 믿을 수 있겠는가.

다른 제자들의 말을 무턱대고 믿을 수 없었던 도마는 예수님이 직접 나타나 부활을 증명해 보이시기를 바랐다. 우리도 때로는 증거를 원한다. 죽음에 관해서는 특히 그렇다. 도마는 이렇게 말했다. "내가 그의 손의 못 자국을 보며 내 손가락을 그 못 자국에 넣으며 내 손을 그 옆구리에 넣어 보지 않고는 믿지 아니하겠노라"(요 20:25). 도마는 자신의 두 눈으로 직접 보기를 원했다. 또한 구주의 영광스러운 상처를 직접 만져 보고 싶었다. 그는 철학자 토머스 페인이 부러움을 담아 말한 "눈과 손으로 확인한 증거"를 원했다. [2] 도마는 그 증거를 보지 않으면 '절대' 믿을 생각이 없었다.

유명한 별명 탓에 도마는 부활에 관한 유일한 회의주의자라는 오명을 썼다. 나사로가 죽은 뒤 그의 입에서 나온 운명론적인 말은 그가 천성적으로 의심이 많다는 일반적인 시각에 힘을 실어 주었다. "우리도 주와 함께 죽으러 가자"(요 11:16). 이 모든 것을 보면서 우리는 다른 제자들은 예수님의 부활을 의심하지 않았다고 오해할 수 있고 좋은 그리스도인이라면 절대 의심하지 않는다고 생각할 수도 있다. 하지만 사실 대다수 제자들은 몸의 부활을 쉽사리 믿지 못했다. 최소한 남자들은 그랬다. 누가는 자신의 복음서에서 예수님이 십자가에 달려 돌아가신 지 사흘이 지나 첫 제자 열한 명이 다른 제자들과 함께 예루살렘에 모였다고 말한다. 그들은 예수님이 "과연 살아"나셨다는 몇몇 사람들의 증언에 관해서 논하고 있었다 (24:34). 그때 갑자기 예수님이 그들 가운데 서서 하나님의 평안을 빌어 주셨다. 그런데 누가에 따르면 "그들이 놀라고 무서워하여 그 보는 것을 영으로 생각"했다(24:37). 제자들은 혼비백산했다. 우리도 분명히 죽었다고 생각한 사람이 갑자기 나타나서 우리 옆에 서 있으면 까무러칠 것이다.

겁에 질린 제자들에게 예수님은 그들의 회의주의를 지적하신다. "어찌하여 두려워하며 어찌하여 마음에 의심이 일어나느냐"(24:38). 도마만 의심한 것이 아니었다. 제자들 모두가 의심을 품고 있었다.

이와 비슷한 내용을 마태복음에서는 제자들이 나중에 갈릴리에서 예수님을 만났을 때 "예수를 뵈옵고 경배하나 아직도 의심하는 사람들이 있더라"(28:17)라고 말한다. 마태가 복수형을 사용한 것으로 보아 의심에 빠졌던 제자는 도마만이 아니었다. 마태가 이들의 영적 문제에 대해 사용한 헬라어 단어는 '디스타조'(distazō)의 한 형태다. 이 단어는 주저함을 의미한다. 우리는 믿음과 불신 사이에서 이런 주저함을 경험하곤 한다.

놀랍게도 첫 제자들은 온 세상에 가서 복음을 전하라고 예수님이 명령하실 때 이런 내적 갈등을 겪고 있었다. 그렇다. 지상명령은 의심하는 신자들에게 주어진 것이다. 그들은 예수님을 경배하고 심지어 부활하신 그분과 육체적으로 함께 있으면서도 잘 믿지를 못했다. 크리스천 와이먼은 자신이 성경의 복음을 잘 믿지 못할 때 제자들의 이런 모습에서 용기를 얻을 수 있음을 깨달았다.

> 예수님의 부활에 대한 기록, 부활 이후 예수님이 사람들을 만나셨던 사건의 기록은 복음서마다 다르다. 하지만 한 가지 기록만은 꽤 일치한다. 그것은 많은 제자들이 예수님을 의심했다는 것이다. 심지어 그분을 눈으로 보면서도 의심했다. 이 사실은 믿음을 추구하는 우리에게 용기를 준다. 그리스도의 제자들이 그분의 부활을 직접 보고 전하는 사람들의 말을 듣고도, 그리고 바로 그들 눈앞에서 그분의 얼굴을 보고도 그분의 부활을 의심했다면, 사건에 얼마나 가까이 있었는지는 의심과 별 상관이 없다.[3]

더 많은 증거를 요구한 도마를 비판하는 주석가도 있지만 나는 진리를 탐구하려는 자세를 오히려 칭찬해야 한다고 생각한다. 도마는 의심이 날 때도 믿으려고 계속해서 애썼다. 최소한 그는 증거를 살펴볼 의향이 있었다. 옥스퍼드대학교에서 진화생물학을 가르치며 신학교 폐교를 노골적으로 지지한 악명 높은 무신론자 리처드 도킨스는 "생각하고 증거를 살펴

볼 필요성을 회피하려는 큰 구실, 큰 핑계"가 '신앙'이라고 정의했다. 계속해서 그는 이렇게 말했다. "신앙이란 증거가 부족함에도, 심지어 증거가 부족하기 때문에 믿는 것이다."[4]

도마는 도킨스의 건방진 주장을 반박하는 좋은 사례다. 도마는 증거가 부족한 데도 믿은 것이 아니었다. 오히려 그는 두 눈으로 증거를 직접 확인하고자 했다. 이를 위해서 그는 기꺼이 예수님을 만났다. 일부 회의주의자들은 그렇게 할 생각도 하지 않는다. 도마는 증거를 원했다. 그리고 동시에 예수님을 원했다.

도마의 사례는 예수 그리스도의 삶과 죽음과 부활을 의심하는 모든 사람에게 특히 중요하다. 우리는 증거를 따져 보려는 의지가 있는가? 사실, 그렇게 하는 것만이 지적으로 책임감 있는 행동이다. 몸을 돌리고 외면하기에는 너무도 많은 것이 걸려 있다. 특히 영생이라는 무한히 귀한 것이 걸려 있다.

이 책에서 나는 대다수 그리스도인들이 품고 있는 의심에 관해서 처음부터 솔직히 이야기하고, 당신이 의심에 대해 솔직해질 자유를 주고자 했다. 의심이 늘 죄는 아니다. 하지만 하나님께 아예 문을 닫아 버리는 것, 바너버스 파이퍼가 말한 "믿지 않는 의심"을 품는 것, 애초에 믿지 않으려고 하는 것은 잘못이다.[5] 키스 존슨은 도마 이야기를 분석하면서 하나님을 경외하는 의심과 그렇지 않은 의심의 차이를 설명한다.

의심을 다루려는 시도를 멈추는 순간, 의심은 죄의 영역으로 넘어간다. 도마는 부활을 의심했지만 죄를 짓지는 않았다. 그의 의심은 제한된 지식과 들은 것을 이해할 능력의 부족에서 비롯했다. 그는 솔직한 의문을 품었고 그래서 그리스도께서 살아 계심을 받아들이지 못했다. 그는 이런 질문에 답하기 위해 더 많은 정보를 얻고자 했다. 이것이 열쇠다. 도마는 의심의 원인을 다루고자 했다. 그는 배우려는 의지가 있었고 예수님이 자신에게 나타나시자마자 즉시 진리를 받아들였다. [6]

도마의 의심이 확인해 준 예수님의 부활

그렇다. 도마는 의심했음에도 믿음에 이르렀다. 화가들은 도마와 예수님의 유명한 만남을 묘사할 때 주로 그가 손을 뻗어 예수님의 상처를 만지는 장면을 그린다. 아마도 카라바조의 그림 〈성 도마의 의심〉이 가장 유명할 것이다. 카라바조의 도마는 예수님의 몸이 어떤지 확인하기 위해 옆구리를 집게손가락으로 더듬는다.

카라바조의 해석이 정확한지는 잘 모르겠다. 물론 도마는 못 자국에 손가락을 넣거나 옆구리의 창 자국에 손을 대 보기 전까지는 믿을 수 없다고 말했다. 무덤에서 부활하신 예수님을 보고서 다른 제자들이 그렇게 했다는 말을 듣고 그렇게 했을지도 모른다(눅 24:36-40). 그렇다면 제자들도 예수님의 영화로워진 몸을 만져 보면서 증거를 직접 확인했을 것이다. 또한 예수님이 도마에게 그분을 만져 보라고 하신 것도 사실이다. "네 손가락을 이리 내밀어 내 손을 보고 네 손을 내밀어 내 옆구리에 넣어 보라"(요 20:27). 그분의 지시가 매우 구체적이었기 때문에 도마는 당연히 그렇게 순종했을 것이다.

하지만 성경은 도마가 예수님의 지시대로 그분의 상처를 만졌는지는 언급하지 않는다. 요한이 기록한 것은 도마가 확신을 얻자마자 한 고백이 전부다. "나의 주님이시요 나의 하나님이시니이다." 도마는 두 눈으로 봐야 믿을 수 있는 사람이었다. 다만, 만지는 것까지는 필요하지 않았을 수 있다. 어쨌든 이 장면은 복음서에서 격정적인 순간 중 하나다. 부활하신 예수 그리스도의 증인이 되는 순간, 도마의 내부에서 모든 것이 엎드려 주님을 경배했다.

이런 경건한 반응은 의심하는 도마를 주님이 불쌍히 여기셨기 때문에 가능했다. 예수님은 믿음이 없다고 도마를 비난하거나 나무라시지 않았다. 예수님은 도마가 제대로 된 믿음을 보이기 전까지 그에게 거리를 두지 않으셨다. 오히려 사랑으로 가까이 다가가 말씀하셨다. "평강이 있을지어다"(요 20:26). 예수님은 친구에게 하듯 손을 뻗어 믿음으로 나아오라고 초대하셨다. "믿음 없는 자가 되지 말고 믿는 자가 되라"(요 20:27).

예수님은 항상 우리에게 다가오고 계신다. 우리가 의심에 빠져 있을 때는 더더욱 그러하다. 예수님은 모든 상황이 두려운 우리에게 "평강이 있을지어다"라고 말씀하신다. 그분은 손을 뻗어 우리를 환영해 주신다. 그 손은 바로 우리의 죗값 때문에 날카로운 못에 찔린 손이다. 그분은 우리에게 의심을 버리고 믿음의 길로 나아가라고 말씀하신다.

최선의 반응을 도마가 보여 주었다. 즉 보고 믿을 뿐 아니라 경배하고 엎드리는 것이다. 도마처럼 나사렛 예수를 주님이요 하나님으로 선포한 뒤에 그분을 섬기기 시작하라. 알려진 바에 따르면, 도마는 인도까지 복음을 전하고 그곳에 교회를 세운 사도다. 도마 기념 교회는 오늘날까지도 그곳에 있다. 키스 존슨은 적절한 결론을 내린다. "요한의 목표는 도마를 악한 의심을 품은 자, 절대 따르지 말아야 할 본보기로 그리는 것이 아니다. 오히려 요한은 도마를 그리스도인의 모범으로 제시한다."[7]

몸의 부활을 믿다

도마와 예수님의 극적인 만남을 살펴볼 때 주목해야 할

또 다른 그룹이 있다. 그들은 이 장면의 주변에 있다. 여기서 요한복음은 우리를 비롯한 다른 신자들을 언급하고 있다 (17:20 참조). 예수님은 도마에게 말씀하셨다. "너는 나를 본 고로 믿느냐 보지 못하고 믿는 자들은 복되도다"(20:29). 예수님은 이 말씀으로 우리를 이 상황 안으로 초대하신다. 죽으셨다가 다시 살아나실 때 우리도 염두에 두셨다는 점을 보여 주신다. 우리는 아직 부활하신 예수님을 직접 보지 못했지만 예수님은 우리에게 그분을 믿으라고 초대하시며, 우리가 믿을 때 복을 주신다.

도마와 제자들의 이야기를 읽다 보면 예수님을 직접 만난 그들이 부러울 때가 있다. 그들은 그분과 동행하고 대화를 나누었다. 원하면 그분을 만질 수 있었다. 그래서 그분을 믿기가 쉬웠을 것이라 우리는 생각하곤 한다. 하지만 그렇지 않을 수도 있다. 그들도 우리만큼이나 많은 의심을 품고 있었기 때문이다. 분명한 사실은 아무리 의심하더라도 예수님을 믿으면 복을 받는다는 것이다. 이것이 복음 안에서 하나님이 우리에게 주신 귀한 약속이다. 보지 않고 믿는 자는 복되다.

복음서를 읽을수록 몸의 부활을 더 확실히 믿게 된다.[8] 내가 부활을 믿는 까닭은 빈 무덤이 판가름을 요구하는 증거이기 때문이다. 이것은 본디오 빌라도조차 풀기 힘들어했던 문제다. 내가 부활을 믿는 까닭은 부활의 첫 증인이 여성들이기 때문이다. 1세기에 거짓 증인으로 굳이 여성을 내세울 이유는 없었다. 내가 부활을 믿는 까닭은 거의 모든 사도들이 자신의 죽음으로 증언을 확증했기 때문이다. 남을 속이기 위해 이렇게까지 할 사람은 없다.

나는 그들의 증언이 절대적으로 믿을 만하다고 생각한다. 역사적인 주장은 입수된 증거에 근거할 때만 판단할 수 있다. 우리가 아는 과거의 대다수 사건이 그렇듯 나사렛 예수의 십자가 죽음과 부활도 구전을 통해서 안다. 그런데 나는 냉정한 어부, 날카로운 세리, 관찰력이 뛰어난 의사가 복음서를 통해 전해 주는 증언이 마음에 든다. 이들이 어수룩하지 않고 회의적이어서 안심이 된다. 그들의 의심은 우리의 믿음을 굳세게 한다. 그들은 우리만큼이나, 어쩌면 우리보다 더 비판적이었다. 그들은 믿음을 표현하기 전에 입수된 증거를 면밀히 뜯어보았다. 결국 그들은 예수 그리스도의 살아 있는 몸을 보았고 그분이 죽음에서 살아나셨음을 일말의 의심도 없이 확신하게 되었다.

모든 것을 고려해 보았을 때 고집스러운 증거주의자이자 노골적 무신론자였던 영국 철학자 앤터니 플루의 말에 동의가 된다. 그는 생이 얼마 남지 않았을 때 뜻밖에도 "부활의 증거가 다른 종교에서 주장하는 기적들에 대한 증거보다 낫다. 질과 양에서 눈에 띄게 다르다"라고 믿게 되었다.[9] 나는 옛 프

린스턴 신학자 찰스 호지의 다음 글에도 동의한다.

> 그리스도의 부활은 역사적 사실이므로 역사적 증거를 통해
> 증명되어야 한다. 사도들은 믿을 만한 증인들의 증언을 근거
> 로 삼는다. … 그런 증언이 믿을 만하려면 다음과 같은 것이
> 필요하다. 1. 증명해야 할 사건의 진위를 확실히 알 수 있어
> 야 한다. 2. 증인들이 사건의 진위를 충분히 파악할 기회가 주
> 어져야 한다. 3. 증인들이 온전한 정신과 분별력을 지녀야 한
> 다. 4. 증인들은 정직해야 한다. 이런 조건이 충족되는 인간
> 의 증언은 사건을 합리적 의심의 여지 없이 정확하게 전한다.
> 하지만 이런 확신의 근거 외에 증인들이 개인적으로 큰 희생
> 을 치르면서까지 증언을 하거나 그 증언을 자신들의 피로 확
> 증한다면 … 그 증언을 의심하는 것은 미친 짓이고 악한 짓이
> 다. 이 모든 사항을 고려할 때 그리스도의 부활에 관한 증거
> 는 진짜다. 그리스도의 부활은 세계 역사상 가장 확실하게 증
> 명된 사건이다.[10]

믿는 사람은 복되다

남녀를 불문하고 도마와 여러 제자들의 증언이 사실이라

면 그것은 실로 엄청난 결과를 가져온다. 몸의 부활은 죽음조차도 하나님의 통제 안에 있음을 보여 준다. 혹은 죽음조차도 우리를 위한 하나님의 영원한 뜻을 막을 수 없다는 의미다. 첫 부활주일부터 세상의 끝 날까지, 우리 삶이 헛되지 않으며 영원한 의미가 있다는 소망 안에서 우리는 안식할 수 있다.

이제 우리는 이 복된 소식에 어떻게 반응할지 결정해야 한다. 도마는 믿음으로 반응했다. 예수님의 부활을 인정한 도마는 역사적 사실에 그저 지적으로 동의하는 수준을 넘어섰다. 그는 예수님을 구주로 영접하고 그분을 주님으로 삼아 항복했다. 이 이야기에서 "나의 주님이시요 나의 하나님이시니이다"라는 도마의 고백을 읽는 우리도 같은 고백을 준비해야 한다.

믿음과 의심에 관한 이 책에서 우리는 이 순간을 향해 지금껏 달려왔다. 즉 믿기만 하는 것이 아니라 예수 그리스도의 주 되심에 항복하는 순간 말이다. 예수님을 살아 계신 하나님의 아들이요 부활하신 세상의 구주로 믿고 엎드려 예배할 때 복이 있다.

도마는 다른 제자들의 증언을 듣고 믿을 수도 있었다. 아니, 그랬어야 했는지도 모른다. 우리도 그래야 한다. 다만 어떤 이들의 문제는 애초에 항복할 의지가 없다는 점이다. 바너버스 파이퍼는 이 점을 담담하게 지적한다. "믿음을 방해하는 지적 걸림돌은 반항을 위한 편리한 변명인 경우가 많다."[11] 예수님이 그리스도이심을 우리는 존재 깊은 곳에서도 알고 있다. 다만 그분이 그리스도가 아니라고 스스로 속이고 있거나 전적으로 확신할 수는 없다고 말하고 있을 뿐인데, 그 이유는 그분의 권위에 복종하고 싶지 않기 때문이다. 이것은 절대 지적인 문제가 아니다. 도덕적인 문제다. 우리가 무엇을 믿느냐만 중요한 것은 아니다. 우리가 무엇을 기꺼이 할 수 있는지 혹은 무엇을 그만두는지가 중요하다. 솔직히 말해 우리는 교만을 벗고 겸손해지고, 편견을 버리고, 탐욕을 내려놓고, 성적 욕구를 포기할 의지가 없다. 하지만 믿음과 순종으로 마침내 예수님께 항복하면 큰 복이 있다.

어떻게 복을 받는가? 우리가 복된 이유는 우리 죄를 용서할 권능을 지닌 유일한 분이신 구주를 알기 때문이다. 우리가 복된 이유는 그분을 아는 것이 곧 우리를 사랑하고 돌봐주시는 하나님 아버지를 아는 것과 같기 때문이다. 우리가 복된 이유는 도덕적으로는 순결하지 못하도록, 영적으로는 자유롭지 못하도록 우리 발목을 붙잡고 있는 속박을 끊으시려 부활하신 예수 그리스도께서 성령을 보내 주셨기 때문이다. 우리가 복된 이유는 살아갈 이유와 전해야 할 메시지를 가졌기 때문이다. 우리가 복된 이유는 부활하신 주님이 이 망가진 세상에 정의를 가져오시며 병들고 상처 입은 모든 것을 치유하실 줄 알기 때문이다. 우리가 복된 이유는 죽음에서 부활하리라는 흔들리지 않는 소망이 있기 때문이다. 우리도 다시 살아날 것이다. 우리는 믿기 때문에 언젠가 부활을 보게 될 것이다.

다음은 우리가 예외 없이 답해야 하는 질문들이다. 나는 몸의 부활을 믿는가? 무덤에서 다시 살아날 것이라 믿는가? 사랑하지만 언젠가 떠나보내야 할 사람들, 즉 그리스도 안에서 죽을 가족들과 친구들도 부활하리라 믿는가?

장로교 목사 벤저민 모건 파머는 십 대 딸의 무덤 앞에서 이 질문에 답했다. 파머와 그의 아내는 관례대로 딸이 묻힐 땅을 파기 위해 서 있었다. 부부는 주체할 수 없는 슬픔에 사로잡혔다. 19년 전에는 갓 태어난 아들을 잃었다. 그들은 아들을 묻었던 곳 근처 강둑에 사랑하는 딸의 시신을 묻으려 했다. 땅을 파던 그들은 뜻밖에도 아들의 머리카락 한 움큼을 발견했다. 파머는 그 순간을 다음과 같이 묘사한다.

아기의 가슴을 수년 동안 짓누르고 있던 흙을 곡괭이와 삽으로 치웠다. 뼈 몇 조각과 작은 두개골이 눈에 들어왔다. "잠깐만요". 아기의 아버지는 윤기는 사라졌으나 두개골을 여전히 감싸고 있는 머리카락을 떨리는 손으로 조금 잘라 냈다. 그는 그 머리카락을 손에 얹어 아내에게 보여 주었다. 아내는 절규하며 그에게 기댔다. "우리 애 머리카락이 맞아요. 그 애 이마를 덮었던 부드러운 머리칼이 기억나요." "이건 우리에게 부활의 예언이오. 무덤은 우리를 파괴할 힘이 없다는 것 말이오."[12]

벤저민 파머는 의심하지 않고 믿었다. 그는 무덤에서 부활하신 예수님이 도마를 만나셨을 때 축복하셨던 수많은 사람들 중 한 명이다. 예수님이 다시 살아나셨다는 사실을 믿는 '모든 사람', 하나님의 '모든' 아들과 딸이 부활하리라 말하는 '모든 사람', 예수님께 "나의 주님이시요 나의 하나님이시니이다"라고 고백하는 '모든 사람'은 복되다.

예수님은 항상 우리에게 다가오고 계신다.

우리가 의심에 빠져 있을 때는 더더욱 그러하다.

예수님은 모든 상황이 두려운 우리에게

"평강이 있을지어다"라고 말씀하신다.

그분은 손을 뻗어 우리를 환영해 주신다.

그 손은 바로 우리의 죗값 때문에

날카로운 못에 찔린 손이다.

그분은 우리에게 의심을 버리고

믿음의 길로 나아가라고 말씀하신다.

10.

끝없는
의심을 딛고
믿음으로

"주님, 의심 많은 저를 긍휼히 여겨 주세요."

〔예수께서〕 오라 하시니
베드로가 배에서 내려 물 위로 걸어서 예수께로 가되
바람을 보고 무서워 빠져 가는지라 소리 질러 이르되
주여 나를 구원하소서 하니
예수께서 즉시 손을 내밀어 그를 붙잡으시며 이르시되
믿음이 작은 자여 왜 의심하였느냐 하시고
마태복음 14:29-31

온갖 난관과 가능성이 기다리고 있을 앞날을 생각하다 보면 다음 행동을 고민하게 된다. 학업, 직업, 연애의 다음 단계뿐 아니라 영적인 면에서 다음 단계는 무엇인가?

크리스천 와이먼은 이 질문에 관해서 고민했지만 명확한 답을 얻지 못했다. 당시 이 시인은 그리스도에게 이끌리고 있었고 그분을 믿기 직전이었다. 그는 자신이 알고 있는 모든 지식의 끝에 이르고도 여전히 이해하고 싶은 것이 있었기에 그 바람을 담아 〈나의 밝은 심연〉이라는 유명한 시를 썼다.

> 내가 아는 모든 것의 끝자락에 다시 이르렀네
> 아무것도 믿지 않아도 이 사실은 믿네:[1]

와이먼의 시는 여기에서 끝난다. 미완성이다. 마지막 행이 마침표가 아니라 콜론으로 끝난다. 왜냐하면 자신이 무엇을 믿는지 혹은 자신의 믿음이 자신을 어디로 데려갈지 확실히 몰랐기 때문이다. 그는 다음 발걸음이 어디로 이어질지 모른 채 끝자락에 서 있었다.

누구나 자기 지식의 끝에 이를 때가 온다. 그다음은 큰 걸음이다. 아니, 도약에 더 가깝다. 바로 앞에 길고 긴 내리막길이 놓인 듯 보여 발걸음이 떨어지지 않는다. 하지만 가만히 서 있을 수는 없다. 우리 모두 영적 결정을 포함해서 내려야 할 결정들이 있다. 그러므로 스스로에게 물어야 한다. 나의 다음 행보는 무엇인가? 믿음과 의심이 공존하는 여행에서 이제 어디로 발걸음을 내딛어야 하는가?

역사상 위대한 발걸음

닐 암스트롱의 발걸음을 포함하여 인류 역사상 가장 과감한 발걸음은 시몬 베드로가 어느 날 밤 갈릴리 바다에서 내딛은 그것일 것이다.

제자들은 엄청난 기적을 막 목격한 후였다. 5천 명이 배불리 먹은 사건 말이다(마 14:13-21). 사촌 세례 요한의 잔혹한 참수형 소식을 접한 예수님은 혼자만의 시간을 갖기 원하셨다. 예수님은 제자들과 함께 배를 타고 조용한 곳으로 가셨다. 하지만 그분의 가르침을 듣고 치유받기 원하는 수많은 사람들을 모른 체하실 수 없었다. 예수님은 깊은 연민을 품고 발길을 돌려 그분의 도움을 필요로 하는 이들을 어루만지셨다.

시간이 지나자 사람들은 배가 고팠고 제자들은 그곳을 빨리 벗어나고 싶은 마음에 짜증이 났다. 헬라어에 '배고파서 화나는'(hangry: hungry(배고픈)와 angry(화난)의 합성어 — 역자)이라는 뜻의 단어가 있었다면 마태는 분명 그 단어를 사용했을 것이다. 제자들은 사람들이 그들을 내버려 두었으면 하는 마음이 간절했다. 하지만 예수님은 계속해서 사람들을 돌보셨다. 예수님은 하늘의 축복을 빈 후 떡 다섯 개와 물고기 두 마리를 남자 5천 명을 포함하여 여자와 아이들까지 충분히 먹을 만한 양으로 만드셨다. 실로 엄청난 기적이다. 역사상 위대한 기적이다.

제자들은 남은 음식(그렇다. 음식이 남았다!)을 모두 모은 뒤 마침내 쉴 기회를 얻었다. 예수님은 무리를 보내셨고 그분과 이야기하고 싶어 하는 몇몇 불쌍한 영혼을 돕기 위해 해변에 조금 더 머무셨다. 그리고 나서 마침내 "기도하러 따로 산에 올라"가셨다(마 14:23). 예수님은 사랑하는 사촌의 일로 애통해하고 계셨던 것이 분명하다. 아마도 다가올 재판과 고난도 생각하셨을 것이다.

그때 풍랑이 갈릴리 바다로 몰려왔다. 마태는 "배가 이미 육지에서 수 리나 떠나서 바람이 거스르므로 물결로 말미암아 고난을 당하더라"(마 14:24)라고 말한다. 그는 그 장소에 있었기 때문에 이 상황을 알았다. 새벽 3시쯤 칠흑같이 어두운 밤, 제자들은 이상한 사람 형체를 보았다. 물 위를 성큼성큼 걸어오는 예수님이셨다. 하지만 제자들은 "놀라 유령이라 하며 무서워하여 소리"를 질렀다(마 14:26). 겁을 집어먹은 제자들을 예수님이 안심시켜야 했던 상황은 이번이 처음도 아니고 마지막도 아니었다. 예수님은 곧바로 말씀하셨다. "나니 두려워하지 말라"(마 14:27).

그때 베드로는 믿음의 발걸음을 내딛고 싶어졌다. 마틴 루터 킹 목사의 말이 옳다. "믿음으로 첫 발걸음을 내딛으라. 계단 전체를 볼 필요는 없다."[2] 베드로는 그 첫 발걸음을 내딛었다. 그는 예수님이 하나님의 아들이라고 주장하시는 말씀을 들은 상태였다. 그분이 행하시는 기적도 보았다. 몇 시간 전 그는 예수님의 능력을 증명해 보인 떡을 모았다. 그는 예수님이 물 위를 걸으실 수 있다고 믿어 의심치 않았다. 예수님의 능력으로 자신도 걸을 수 있다고 믿었다. 그래서 불쑥 말한다. 이렇게 불쑥 말하는 것이 그의 특기다. "주여 만일 주님이시거든 나를 명하사 물 위로 오라 하소서"(마 14:28). 예수님이 넓은 바다에서 함께 걷자고 초대하시자 베드로는 "배에서 내려 물 위로 걸어서 예수께로" 갔다(마 14:29). 이것은 인류 역사상 위대한 믿음의 발걸음이다.

베드로는 물 위를 걷는 사람을 본 적이 없었다. 베드로는 물 위를 걷는 예수님을 보는 순간, 자신도 물리법칙을 초월할 수 있다는 믿음을 품었다. 그는 한 발을 배 밖으로 내딛었고 다음 발까지 마저 내딛었다. 의심도 주저함도 없이 그는 예수님이 자신을 붙들어 서게 하실 수 있다고 믿었다. 이것은 한 제자의 작은 발걸음 하나였지만 제자도 전체에는 거대한 도약이었다. 풍랑 이는 물 위로 발을 내딛을 수 있는 사람이라면 예수님이 무엇을 명하시든 순종할 수 있다.

하나님을 믿고 모험에 뛰어들다

베드로는 평생 이력서에 자랑스럽게 써넣을 수 있는 것, 사람들에게 과시할 수 있는 놀라운 것을 얻었다. 그는 인류 역사상 물 위를 걸은 유일한 사람이었다. 덕분에 다른 제자들도 이야깃거리를 얻었다. 설마 베드로가 물 위를 걸었을까 의심하는 사람들에게 제자들은 이렇게 말할 수 있었다. "진짜 걸었다니까요. 얘기해 줄까요?"

베드로에게 일어난 일은 전무후무한 일이었다. 그런데 이 이야기는 우리의 영적 이야기에도 영향을 미칠 수 있다. 베드로는 기회를 발견했다. 그것은 바로 예수님과 함께 걸을 수 있는 기회였다. 그는 어느 캄캄하고 풍랑이 이는 밤 갈릴리 바다에서 그 기회를 맞았다. 우리는 다른 기회를 얻을 수 있다. 그 기회는 우리가 추구해야 할 관계나 우리의 재능을 꽃피울 교육일 수 있다. 혹은 다른 기회의 문이 우리 앞에 활짝 열릴 수 있다. 우리가 내내 바라 왔던 뭔가가 주어질 수 있다. 혹은 물 위를 걷는 예수님을 보듯 예기치 못한 것일 수도 있다. 그것이 무엇이든, 하나님과 동행한다면 그다음으로 뭔가를 하려는 충동이 갑자기 불일 듯 일어난다.

이런 내적 충동과 함께 하나님의 초대가 찾아온다. 그분의 음성이 귀에 들리지 않을 수도 있다. 물론 들릴 수도 있지만 말이다. 초대가 어떤 식으로 찾아오든 우리는 예수님이 베드로에게 하셨던 "오라"라는 단순한 초대를 받아들여야 한다. 예수님이 마태복음의 끝에서 제자들에게 지상명령을 주셨을 때처럼 우리에게 "가라"라고 말씀하실 때도 있다. 단, 예수님은 어디로 가라고 명령하시든 그곳에서 함께해 주신다. 따라서 예수님이 제자들에게 주시는 명령은 대개 "와서 나를 따르라"다.

우리 각자를 위한 질문은 "예수님이 우리를 초대하실 때 무엇을 해야 하는가?"다. 하나님의 아들이 "오라"라고 말씀하실 때 베드로처럼 상대적으로 안전한 배에서 내려 그분을 따를 것인가? 최소한 예수님이 취하라고 하시는 다음 번 행동은 할 것인가? 조니 에릭슨 타다는 유명한 말을 했다. "믿음은 희미한 미래까지 길고도 멀게 믿는 능력이 아니다. 믿음은 그저 하나님의 말씀을 그대로 받아들여 다음 번 행동을 하는 것이다."[3]

예수님이 "오라"라고 부르실 때 우리는 정확히 무엇에 뛰어드는지 알지 못한다. 따라서 하나님께는 분명한 계획이 있고 그 계획이 우리에게 가장 유익함을 믿어야 한다. 레슬리 뉴비긴은 이런 지혜로운 말을 했다. "기독교 신앙은 논리적으로 증명 가능한 확실성의 문제가 아니라 오류를 범할 수 있는 인간이 자신을 부르신 신실하신 하나님을 믿고 전적으로 헌신

하는 것을 의미한다."⁴

우리 모두 의심을 품고 살아가는 것이 사실이다. 심지어 믿는 이들도 의심을 품을 때가 있다. 우리는 믿음과 의심을 탐구하며 지금껏 이것을 확인했다. 성경에서 만난 대다수 신자들은, 우리가 살아가며 만나는 대다수 그리스도인들이 그렇듯 때로 믿음을 잃기도 했다. 우리는 하나님 말씀을 그대로 받아들이지 못할 때가 있다. 우리 삶을 향한 하나님의 부르심을 의심하고, 하나님이 우리를 치유하거나 돌보실 마음이 있는지 불안해하곤 한다. 하나님이 우리를 보호해 주실지, 필요한 것을 공급해 주실지 의심한다.

하지만 믿음의 발걸음을 떼면 베드로처럼 배 밖으로 나가는 것이 보기만큼 위험하지 않으며, 일부 사람들이 말하듯 무모한 행동도 아니고, 오히려 인생 최고의 결정이라는 사실을 깨닫게 된다. 우리가 맺은 우정이 알고 보니 삶을 변화시키는 우정이었다. 우리가 받은 교육이 알고 보니 훗날 하나님 나라를 섬기기 위한 이상적인 준비 과정이었다. 성령은 우리가 사업 현장이나 사역 현장에서 상상했던 것보다 더 많은 것을 해낼 수 있도록 능력을 주신다. 다음 발걸음을 내딛는 것은 옳은 행동이다. 왜냐하면 그 발걸음을 내딛는 곳에서 예수님이 우리와 함께해 주시기 때문이다. 전도자 루이스 팔라우는 우리가 예수님을 따르기로 결정할 때 일어나는 일을 이렇게 말하곤 했다. "예수 그리스도를 한 번 만나는 것만으로도 즉각적으로, 또 영원히 변하기에 충분합니다."[5]

예수님과 동행하면 그분이 약속하신 모든 것이 되어 주시고 우리에게 필요한 모든 것을 주신다는 사실을 알게 된다. 그분은 약속을 지키신다. 그분은 우리가 소명을 이룰 힘을 주신다. 그분은 많은 위험에서 우리를 보호해 주신다. 그분은 우리에게 필요한 것을 후히 공급해 주신다. 그분은 우리를 사랑으로 돌보시고 우리 마음의 깊은 상처를 치유해 주신다. 우리가 그분과 함께 걸을 때 그분은 의로운 긍휼을 증명해 보이신다.

믿음이 흔들리고 두려움에 빠져들다

그러다 우리는 물에 가라앉기 시작한다. 최소한 베드로는 그러했다. 그는 믿음으로 발을 내딛었다. 말 그대로 물 위를 걸었다. 물에 빠지지 않고 예수님 앞까지 잘 갔다. 하지만 그 후에 예수님을 보지 않고 풍랑을 보는 실수를 저질렀다. 그 순간 그의 믿음이 사라지고 그는 물에 가라앉기 시작했다.

대부분, 아니 우리 모두에게 이것은 남 얘기 같지 않을 것이다. 성경은 "오직 믿음으로 구하고 조금도 의심하지 말라 의심하는 자는 마치 바람에 밀려 요동하는 바다 물결 같으니"(약

1:6)라고 말한다. 하지만 우리 대다수는 의심에 휩싸인다. 물론 우리는 신자이지만 대부분은 꾸준히 믿기를 힘들어하는 의심하는 신자다. 믿기는 하지만 하나님이 우리의 불신을 도와주셔야 한다.

크리스천 와이먼도 이 문제를 다루었다. 그가 자신의 신앙 여정을 돌아보니 스스로에게 "아무런 소용이 없어"라고 말할 때가 많았다. 이는 예수님이 십자가에서 돌아가셨다가 무덤에서 부활하셨다고 다시 믿기 시작하면, 그전에 있었던 다른 문제로 또 고민하게 된다는 뜻이다. 그는 이렇게 말한다. "하나님께로 다가가도 내 불안은 줄어들지 않았고, 극복했다고 생각했던 상처와 헛된 바람, 두려움에 계속해서 다시 빠져든다."[6]

베드로를 두렵게 만든 것은 주변에서 휘몰아치는 풍랑이었다. 세찬 파도를 일으키는 풍랑을 보니 공포가 밀려오고 예수님이 자신을 붙잡아 주시리라는 믿음이 사라졌다. 조만간 우리에게도 비슷한 일이 일어날 것이다. 갈릴리 바다에서 베드로를 두렵게 하여 물에 빠뜨렸던 바람과 파도는 우리 모두가 마주하는 거친 상황을 비유한다. 인생은 갑작스러운 좌절로 가득하다. 열린 문을 채 빠져나가기도 전에 문이 쾅 닫혀 버린다. 관계 하나가 깨지면서 꿈이 물거품이 된 듯 느껴진다. 돈 문제도 늘 걱정이다. 그럴 때 믿음이 흔들리고 우리는 가라앉기 시작한다.

베드로의 이야기는 영적인 다음 발걸음을 내딛은 뒤에도 계속해서 찾아올 수 있는 믿음의 위기를 경고한다. 앞서 말했듯이 베드로는 인류 역사상 가장 과감한 발걸음을 내딛었다. 하지만 안타깝게도 그의 영적인 용기는 1분도 지속되지 않았다. 우리는 얼마나 빨리 또 다른 믿음의 위기에 빠지는가? 그런 일이 벌어질 때 어떻게 할 것인가?

의심을 의심하기

아마도 이 이야기에서 가장 중요한 부분은 이다음에 일어난 일일 것이다. 베드로가 담대하게 배에서 나와 물 위에 발을 딛은 순간은 마태복음 14장에서 가장 중요한 장면이다. 물론 하나님의 부르심이 불가능해 보일지라도 부르심에 응답하는 것은 분명 중요하다.

하지만 대다수 신자들은 담대한 발걸음을 계속해서 내딛지 못한다. 아니, 그런 사람은 아예 없지 않나 싶다. 우리가 성경에서 만나는 용감한 그리스도인들도 발을 헛디디곤 했다. 그들은 비틀거리고 넘어졌다. 최종 목적지에 도착할 때까지 뒷걸음질하거나 멀리 돌아가기를 반복했다. 따라서 대다수 사람들에게 중요한 질문은 배 밖으로 발을 내딛느냐가 아니라 가라앉기 시작할 때 어떻게 하느냐다.

베드로가 어떻게 했는지를 보라. 그는 예수님께 손을 뻗었다. 예수님께 도움을 요청했다. "주여 나를 구원하소서"(30절)라고 부르짖었다. 예수님이 부르실 때 어떻게 대답하는가도 중요하지만 물속으로 가라앉기 시작할 때 무슨 말을 하는지도 중요하다. 베드로가 한 말은 간단했다. "예수님, 도와주세요!"

조만간 우리 모두는 베드로만큼이나 도움이 필요한 상황을 맞닥뜨릴 것이다. 곤란한 일을 당해 무엇에 기대야 할지 모르는 순간이 올 것이다. 우리는 물론이고 그 누구도 풀 수 없을 만큼 큰 문제를 만날 것이다. 우리 힘으로 통과할 수 없는 시험. 우리 힘으로 해낼 수 없는 일. 우리 힘으로 치유할 수 없는 마음. 이런 일은 필연적으로 일어나게 되어 있다. 그럴 때 가장 먼저 해야 할 행동은 베드로처럼 세상의 구주이기도 하신 하나님의 아들께 부르짖는 것이다. "예수님, 구원해 주소서!"

베드로가 부르짖자 예수님은 즉시 반응하셨다. 예수님은 두 가지 일을 해 주셨고 덕분에 베드로는 의심으로 인한 유익을 얻을 수 있었다. 물론 애시당초 의심에 빠지지 않고 계속해서 예수님을 믿으며 물 위를 걸었으면 더 좋았을 것이다. 하지만 베드로가 물에 빠지기 시작하자 예수님은 다가와 도와주셨다. 그리고 베드로는 의심의 경험에서 유익을 얻을 수 있었다. 베드로만 그런 것은 아니다. 많은 사람이 의심에서 유익을 거둔다. 스코틀랜드 목사이자 소설가 조지 맥도널드는 이렇게 간증했다.

> 의심에 휩싸였던 사람은 오히려 그 믿음이 자랄 수 있다. 의심은 정직한 자들을 깨우는 살아 계신 분의 사자다. 의심은, 아직 이해가 안 되지만 이해해야 하는 상황의 문을 향한 첫 두드림이다. … 더 깊은 확신을 얻기 전에는 항상 의심이 선행되어야 한다. 우리가 아직 모르고 탐구하지 않은 영역을 들여다볼 때 처음 보이는 것은 불확실성이기 때문이다.[7]

그렇다면 베드로는 어떻게 의심의 유익을 얻었을까? 먼저 예수님은 베드로가 물에 빠지지 않도록 붙잡아 주셨다. 마태는 이렇게 말한다. "예수께서 즉시 손을 내밀어 그를 붙잡으시며"(마 14:31). 예수님이 구원해 주신 덕분에, 의심하던 베드로는 끝없이 가라앉지 않았다. 육체적으로든 영적으로든 큰 위험에 처할 때마다 우리는 예수님이 보호해 주시리라 믿어야 한다. 절체절명의 상황에서 예수님께 손을 뻗으면 우리를 붙잡아 주신다. 심지어 우리가 그분을 놓으려 할 때도 그분은 우리를 놓지 않으실 것이다. 베드로가 의심을 통해 거둔 유익 중 하나는 구주의 강하신 손에서 더 큰 안정을 찾았다는 것이다.

이어서 예수님은 베드로에게 두 번째 유익을 주셨다. 더 높은 수준을 제시하신 것이다. 예수님은 이렇게 말씀하셨다. "믿음이 작은 자여 왜 의심하였느냐"(마 14:31; 8:26 참조). 좀 가혹하게 들릴지 모르겠다. 베드로는 모든 제자 중에서 믿음이 가장 작은 사람이 아니라 가장 '큰' 사람이었다. 풍랑 이는 바다 위로 발을 내딛은 사람은 베드로뿐이었다. 하지만 예수님은 그가 앞으로 훨씬 더 큰 난관을 마주할 줄 아셨다. 그는 시험과 압제, 투옥, 마지막에는 순교를 당하게 된다. 그래서 예수님은 그가 믿음의 작은 발걸음 하나를 내딛었다고 칭찬하는 대신 더 크고 담대한 믿음, 언젠가는 산을 옮길 믿음을 발휘하기 시작하라고 도전하셨다(마 21:21을 보라).

이러한 목적 때문에 예수님은 제자 베드로에게 깊이 묵상할 질문 하나를 주셨다. 이 얼마나 귀한 선물인가. "왜 의심하였느냐?" 베드로는 이 질문을 계속해서 숙고하지 않았을까? 필시 그는 사는 동안 두고두고 이 질문을 곱씹었을 것이다. 왜 예수님의 부르심, 예수님의 임재, 풍랑 이는 바다에서 자신을 붙잡아 줄 예수님의 능력을 의심했을까?

예수님은 좋은 질문을 던지시어 자신의 의심을 의심하도록 베드로를 초대하고 계셨다. 하나님 아들의 구원하시는 은혜나 초자연적인 능력을 의심할 합당한 이유가 베드로에게 있었는가? 전혀 없었다. 예수님을 개인적으로 경험하고 그분께 받은 놀라운 가르침을 돌아본다면 오히려 예수님을 믿어야 할 이유만 차고 넘쳤다. 그래서 그는 자신이 내딛은 믿음의 발걸음을 의심하지 말고 예수님 말씀을 바탕으로 자신의 의심을 철저히 의심하고 조사해 봐야 했다.

우리의 의심을 의심하는 것. 이것은 때로 예수님을 믿기 힘든 모든 사람을 위한 건강한 마음의 습관이다. 이것은 사랑하는 회의주의자들을 돕는 좋은 방법이기도 하다. 필립 얀시는 그리스도의 주장에 불가지론적 입장을 취하고 그리스도인들의 이야기에 의심의 눈길을 보냈던 가까운 친구를 소개한다. 그 친구는 특히 "예수님이라면 어떻게 하실까?"라는 유명한 질문을 경멸했다. 그는 이 질문에 반발하여 이렇게 묻기 시작했다. "무신론자라면 어떻게 할까?" 하지만 곧 그 물음을 멈추어야 했다. 눈살을 찌푸리게 하는 답만 나왔기 때문이다.[8] 그 친구의 회의주의는 적어도 무신론자에게는 위험한 방향 전환을 초래했다. 그 회의주의로 인해 하나님에게서 더 멀어진 것이 아니라 오히려 하나님께로 방향을 틀게 되었기 때문이다. 우리의 의심을 의심할 때 바로 이런 일이 일어난다.

물론 우리 모두 의심을 품고 있다. 성경 이야기에서 볼 수 있는 온갖 의심이 우리 안에도 있다. 하지만 우리는 나사렛 예수가 하나님께 충성하며 순종하셨고, 십자가 위에서 무고하게 돌아가셨으며, 다시 죽음이 없는 영광스러운 몸으로 무덤에서 살아나셨다고 믿을 만한 합당한 이유들도 많이 갖고 있다. 우리는 예수님이 세상 끝 날까지 우리와 함께하시고 영광스러운 승리 가운데 우리를 구하러 돌아오신다고 믿을 만한 합당한 이유들이 있다. 따라서 예수님이 하나님의 아들과 세상의 구주가 아니라는 주장, 예수님이 고난당하는 우리를 멀리하시고 도와주시지 않는다는 주장, 성령이 우리 남은 죄의 속박을 깨뜨릴 수 없다는 주장, 예수님께 우리를 구원할 능력이 없다는 주장을 극도로 회의적인 시선으로 바라보아야 한다. 다시 말해, 우리는 복음을 의심할 것이 아니라 사탄이 우리로 하여금 믿게 만들려는 모든 것을 의심해야 한다.

우리의 의심을 의심하는 한 가지 방법은 우리가 참이라고 아는 것을 기억하는 것이다. 1970년대 흑인 복음주의의 선봉에 섰던 설교자 톰 스키너는 이런 말을 했다.

> 의심스러운 것들을 이해하려고 오랫동안 애쓰던 나는 믿는 것들을 보는 편이 더 낫다는 것을 갑자기 깨달았다. 그 뒤로 나는 답할 수 없는 질문들의 고통에서 벗어나 내가 피할 수 없는 답들의 현실 속으로 들어갔다. … 그것은 큰 위안이다.[9]

베드로는 그 위안을 찾았다. 우리가 이 책에서 만난 남녀들도 그 위안을 찾았다. 그리고 우리도 그 위안을 찾을 수 있다. 베드로는 더 깊이 묵상하고 더 철저히 조사한 끝에 하나님을 믿고 물 위로 발걸음을 내딛었던 것이 옳았으며 갑작스러운 의심의 무게에 눌려 물에 빠지게 된 것은 잘못이었다고 결론을 내렸을 것이다. 하나님을 의심하는 대신 우리의 의심을 의심할 때 우리도 같은 결론에 이르게 된다. 그러면 머뭇거리거나 넘어지는 대신 믿음의 발걸음을 내딛어 예수님과 계속해서 동행하게 된다.

새러 에크호프 질스트라는 〈카불 탈출〉이라는 글에서 2020년 미군이 아프가니스탄에서 철수한 이후 고립된 그리스도인들이 당한 끔찍한 고난을 이야기한다. 라마잔 목사는 아내와 어린 자녀를 데리고 탈레반을 피해 필사적으로 도망쳤다. 그들은 그리스도인으로 등록되었다는 이유로 목숨을 잃을까 봐 두려웠다. 몇 주간 도망치면서 숨는 생활을 반복한 끝에 마침내 그들은 카불을 떠나는 비행기에 탈 수 있었다. 그들에게 소망을 준 것은 베드로의 경험이었다. 라마잔은 다음과 같이 말한다.

그 모든 순간에 예수님은 우리와 함께 계셨다. 나는 마태복음 14장에서 예수님이 제자들에게 바다 한가운데서 바다 반대편으로 가라고 하셨던 장면을 생각했다. 그곳에는 풍랑과 어두움과 두려움이 가득했다. 그로 인해 제자들은 이제 꼼짝 없이 죽었다고 생각했다. 하지만 바로 그 순간, 어둠의 한복 판에서, 시련의 한복판에서 예수님이 걸어오고 계셨다. 이 두 달 동안 나는 계속해서 한 가지를 생각했다. '하나님은 어디에 계시는가?' 하지만 갑자기 마태복음의 그 내용이 생각났다. "하나님은 여기 계신다. 시련이 아니라 예수님께 시선을 고정 하라."[10]

예수님께 시선을 고정하는 것. 바로 이것이 베드로가 어느 날 밤 갈릴리 바다에서 배운 인생의 교훈이었다. 이것은 우리 모두가 불신과의 끊임없는 씨름 중에 배워야 할 가장 중요한 교훈이다. 예수님께 시선을 고정하면 믿음으로 모든 의심을 극복하고 한 걸음씩 그분과 나란히 걸을 수 있다.

서문: 이렇게 하나님을 의심해도 괜찮을까

1. "Sevareid Gives His Valedictory," *New York Times*, 1977년 12월 1일, https:// www. nytimes. com/.

1. 하나님의 말씀이 의심될 때

1. John Updike, *In the Beauty of the Lilies* (New York: Knopf, 1996), 5-6, 강조는 저자가 한 것.

2. Herman Bavinck, *The Certainty of Faith* (St. Catherines, ON: Paideia, 1980), 71.

3. "The State of Theology," Ligonier Ministries, *thestateoftheology.com*, 2022년 10월 17일 확인.

4. Timothy Keller, *The Reason for God: Belief in an Age of Skepticism* (New York: Dutton, 2008), 99-100. (팀 켈러, 《팀 켈러, 하나님을 말하다》, 두란노 역간)

5. Lesslie Newbigin, *Proper Confidence: Faith, Doubt, and Certainty in Christian Discipleship* (Grand Rapids, MI: Eerdmans, 1995), 69. (레슬리 뉴비긴, 《타당한 확신》, SFC 역간)

6. 구레뇨에 관해 더 알고 싶다면 다음 책들을 보라. Leon Morris, *The Gospel according to St. Luke: An Introduction and Commentary*, Tyndale New Testament Commentaries (Grand Rapids, MI: Eerdmans, 1974), 82-83, 그리고 Norval Geldenhuys, *The Gospel of Luke*, New International Commentary on the New Testament (Grand Rapids, MI: Eerdmans, 1951), 100.

7. Richard Bauckham, *Jesus and the Eyewitnesses: The Gospels as Eyewitness Testimony* (Grand Rapids, MI: Eerdmans, 2006), 170-78, Keller, *The Reason for God*, 105쪽에 인용.

8. C. S. Lewis, *Christian Reflections*, Walter Hooper 엮음 (Grand Rapids, MI: Eerdmans, 1967), 155. (C. S. 루이스, 《기독교적 숙고》, 홍성사 역간)

9. John Calvin, *Institutes of the Christian Religion*, John T. McNeill 엮음, Ford Lewis Battles 옮김, 2 vols., Library of Christian Classics 20-21 (Philadelphia: Westminster, 1960), 1.7.4.

10. Timothy George, "What We Mean When We Say It's True," *Christianity Today*, 1995년 10월 23일, https://www.christianitytoday.com/.

11. Newbigin, *Proper Confidence*, 55.

12. Keith Johnson, "Doubt," *Life Questions Every Student Asks: Faithful Responses to Common Issues*, Gary M. Burge, David Lauber 엮음 (Downers Grove, IL: InterVarsity Press, 2020), 135, 강조는 저자가 한 것.

13. Newbigin, *Proper Confidence*, 10.

14. Will Graham, "The Tree Stump Prayer: When Billy Graham Overcame Doubt," Billy Graham Evangelistic Association, 2014년 7월 9일, https://billygraham.org/.

15. Billy Graham, Justin Taylor, "Charles Templeton: Missing Jesus"에 인용, TGC, 2013년 5월 9일, https://www.thegospel coalition.org/.

16. 템플턴의 비극적인 영적 여행은 Taylor, "Charles Templeton"에 소개되었다.

17. Jonathan Black, "Eve Was a Christian," *Apostolic Theology*, 2014년 7월 22일, https://www.apostolictheology.org/.

2. 하나님의 약속이 의심될 때

1. Elisabeth Elliot, *Passion and Purity: Learning to Bring Your Love Life under Christ's Control* (Grand Rapids, MI: Revell, 2006), 61-62. (엘리자베스 엘리엇, 《열정과 순결》, 좋은씨앗 역간)

2. John Calvin, Calvin's Commentary: The Epistles of Paul to the Romans and to the Thessalonians, Ross McKenzie 옮김, David W. Torrance, Thomas F. Torrance 엮음 (Grand Rapids, MI: Eerdmans, 1994), 99, Keith Johnson, *Life Questions Every Student Asks: Faithful Responses to Common Issues*, Gary M. Burge, David Lauber 엮음 (Downers Grove, IL: InterVarsity Press, 2020), 133-34, "Doubt"에 인용.

3. Madeleine L'Engle, *The Glorious Impossible: Illustrated with Frescoes from the Scrovegni Chapel by Giotto* (New York: Simon & Schuster, 1990).

4. 이 이야기는 두 사람이 직접 쓴 책에 소개되어 있다. Patrick Gray, Justin Skeesuck, *I'll Push You: A Journey of 500 Miles, Two Best Friends, and One Wheelchair* (Wheaton, IL: Tyndale, 2017).

5. Christian Wiman, *My Bright Abyss: Meditation of a Modern Believer* (New York: Farrar, Straus and Giroux, 2013), 77.

6. Herman Bavinck, *The Wonderful Works of God*, Henry Zylstra 옮김 (1956; repr., Philadelphia: Westminster Seminary Press, 2020), 144.

3. 하나님께 받은 소명이 의심될 때

1. 요 6:35; 8:12; 10:9, 11; 11:25; 14:6; 15:1을 보라.

2. Barnabas Piper, *Help My Unbelief: Why Doubt Is Not the Enemy of Faith* (Charlotte: Good Book, 2020), 33, 강조는 저자가 한 것.

3. Dietrich Bonhoeffer, *The Cost of Discipleship*, Lesslie Newbigin, *Proper Confidence: Faith, Doubt, and Certainty in Christian Discipleship* (Grand Rapids, MI: Eerdmans, 1995), 14-15쪽에 인용. (디트리히 본회퍼, 《나를 따르라》, 복있는사람 역간; 레슬리 뉴비긴, 《타당한 확신》, SFC 역간)

4. Newbigin, *Proper Confidence*, 105.

5. George MacDonald, *Lilith: A Romance* (1895; repr., London: Chatto & Windus, 2022), 126.

4. 하나님의 보호가 의심될 때

1. 젊은이들의 안전 욕구에 대한 긍정적인 기독교적 의견을 듣고 싶다면 다음을 보라. Ben Simpson, "Gen Z and the Need for Safety," Burlap, 2018년 2월 27일, https://www.thinkburlap.com/blog/gen-z-and-the-need-for-safety.

2. 예를 들어, Matthew Lesh, "Is Safetyism Destroying a Generation?," Institute of Public Affairs, 2018년 9월 3일, https://ipa.org.au/publications-ipa/is-safetyism-destroying-a-generation.

3. 질병통제센터(Centers for Disease Control)의 데이터는 다음 자료에 인용. Olivia Reingold, "Why Students in Kentucky Have Been Praying for 250 Hours," Real Clear Education, 2023년 2월 21일, https://www.realcleareducation.com/.

4. Gracie Turner, Reingold, "Students in Kentucky"에 인용.

5. Turner, Reingold의 "Students in Kentucky"에 인용.

6. Turner, Reingold의 "Students in Kentucky"에 인용.

7. Paul R. House, *1, 2 Kings*, New American Commentary (Nashville: Broadman & Holman, 1995), 276.

8. "After All These Years," Chad Cates, Andrew Peterson, Randall Goodgame, track 1 on *After All These Years: A Collection*, Harold Rubens, Andrew Peterson 제작, Centricity Music, 2014.

9. Robert Linthicum, *City of God, City of Satan: A Biblical Theology of the Urban Church* (Grand Rapids, MI: Zondervan, 1991), 65.

10. John Milton, "Sonnet on His Blindness," *The Poetical Works of John Milton*, Helen Darbishire 엮음 (London: Oxford University Press, 1958), 437.

11. David Roper, *A Beacon in the Darkness*, Larry R. Libby 엮음 (Portland: Multnomah, 1995), 204, 강조는 저자가 한 것.

12. *Creeds, Confessions, and Catechisms: A Reader's Edition*, Chad Van Dixhoorn 엮음 (Wheaton, IL: Crossway, 2022), 291.

13. 이 이야기는 다음 자료에서 읽을 수 있다. Robert Jeffress, "Angels Minister to Us," Pathway to Victory, 2019년 5월 3일, https://ptv.org/. Steve Saint, "Did They Have to Die?," *Christianity Today*, 1996년 9월 16일, https://www.christianitytoday.com/도 참조.

5. 하나님의 후하심이 의심될 때

1. Voltaire, "Poem on the Lisbon Disaster" (1756), Joseph McCabe 옮김, University of Washington, http://courses.washington.edu/hsteu302/ Voltaire%20Lisbon%20Earthquake.html, 2023년 9월 23일 확인.

2. Voltaire, "Gibbon; or, the Infidel Historian and His Protestant Editors"에 인용, *The Dublin Review* 8 (1840년 2월): 208, https://www.google.com/ books/edition/TheDublinReview/FOQLAQAAIAAJ?hl.

3. C. S. Lewis, *The Problem of Pain* (1940; repr., San Francisco: HarperCollins, 2002), 16. (C. S. 루이스, 《고통의 문제》, 홍성사 역간)

4. Timothy Keller, *The Reason for God: Belief in an Age of Skepticism* (New York: Dutton, 2008), 23.

5. Keith Johnson, "Doubt," *Life Questions Every Student Asks: Faithful Responses to Common Issues*, Gary M. Burge, David Lauber 엮음 (Downers Grove, IL: InterVarsity Press, 2020), 141.

6. Keller, *The Reason for God*, 30-31.

7. George MacDonald, *Unspoken Sermons: Series I, II, III in One Volume* (n.p.: NuVision, 2007), 21.

8. Johnson Oatman, "Count Your Blessings" (1897), https://hymnary.org/.

9. Johnson, "Doubt," 135.

10. Keller, *The Reason for God*, 32, 강조는 저자가 한 것.

11. J. R. R. Tolkien, *The Lord of the Rings* 중 세 번째 작품 *The Return of the King* (New York: Houghton Mifflin, 1993), 930.

12. Eric McLaughlin, "When Bleeding Hearts Break," *Christianity Today*, 2022년 7/8월, 56.

6. 하나님의 공의가 의심될 때

1. Michael F. Ross, *The Light of the Psalms: Deepening Your Faith with Every Psalm* (Fearn, Ross-Shire, UK: Christian Focus, 2006), 132.

2. S. A. Joyce 글, Timothy Keller, *Making Sense of God: An Invitation to the Skeptical* (New York: Viking, 2016), 29쪽에 인용. (팀 켈러, 《팀 켈러의 답이 되는 기독교》, 두란노 역간)

3. Josh Howerton, "No, Christianity Is Not as Bad as You Think," TGC,

2022년 3월 19일, https://www.thegospelcoalition.org/. Philip Yancey, *A Skeptic's Guide to Faith: What It Takes to Make the Leap* (Grand Rapids, MI: Zondervan, 2009), 132쪽도 참조. 이 책에서 얀시는 데이비드 라슨 박사의 연구를 요약하면서 "교회에 주기적으로 참석하고, 기도하고, 성경책을 읽는" 사람들이 "병원에 덜 가고, 수술에서 더 빨리 회복되고, 면역력이 더 강하고, 더 장수한다"라는 결론을 내린다.

4. Christian Wiman, "Gazing into the Abyss," *The American Scholar*, 2007년 6월 1일, https://the americanscholar.org/, 강조는 저자가 한 것.

5. James Montgomery Boice, *Psalms, vol. 2, Psalms 42–106* (Grand Rapids, MI: Baker, 1996), 615.

6. Derek Kidner, *Psalms 73–150*, Tyndale Old Testament Commentaries (Downers Grove, IL: InterVarsity Press, 2009), 261-62.

7. Newbigin, *Proper Confidence: Faith*, 67.

8. Leo Tolstoy, *A Confession*, Timothy Keller, *The Reason for God: Belief in an Age of Skepticism* (New York: Dutton, 2008), 201쪽에 인용.

9. Keller, *Making Sense of God*, 209-10.

7. 하나님의 돌보심이 의심될 때

1. James Hirsen, "Dark Night of the Soul for America," Newsmax, 2020년 11월 23일, https://www.newsmax.com/ 참조.

2. "I Feel Loved," by Martin Gore, *Exciter* 2번 곡, Mute Records, 2001.

3. F. Scott Fitzgerald, "The Crack-Up," *The Crack-Up*에 다른 에세이들과 함께 수록, Edmund Wilson 엮음 (New York: New Directions, 1945), 75.

4. Flannery O'Connor to Betty Hester, 1955년 9월 6일, American Reader, https://theamericanreader.com/, 2023년 11월 27일 확인.

5. Douglas Adams, *The Long Dark Tea-Time of the Soul* (New York: Simon & Schuster, 1988).

6. Fyodor Dostoevsky 글, Christian Wiman, *My Bright Abyss: Meditation of a Modern Believer* (New York: Farrar, Straus and Giroux, 2013), 9쪽에 인용.

7. Mark Talbot, *When the Stars Disappear: Help and Hope from Stories of Suffering in Scripture* (Wheaton, IL: Crossway, 2020), 34.

8. Tish Harrison Warren, *Prayer in the Night: For Those Who Work or Watch*

or *Weep* (Downers Grove, IL: InterVarsity Press, 2021), 12.

9. Frederick Buechner, *Telling Secrets: A Memoir* (1991; repr., New York: HarperOne, 2000), 103.

10. John Calvin, *A Commentary on Jeremiah*, 5 vols. (Edinburgh: Banner of Truth, 1989), 3:38.

11. Warren, *Prayer in the Night*, 7.

12. Dietrich Bonhoeffer, *Dietrich Bonhoeffer Works*, vol. 8, *Letters and Papers from Prison* (Minneapolis: Augsburg Fortress, 2009), 195.

13. Talbot, *When the Stars Disappear*, 32, 38.

14. R. E. O. White, *The Indomitable Prophet: A Biographical Commentary on Jeremiah* (Grand Rapids, MI: Eerdmans, 1992), 162.

15. Calvin, *Commentary on Jeremiah*, 3:44.

16. Derek Kidner, *The Message of Jeremiah: Against Wind and Tide, The Bible Speaks Today* (Downers Grove, IL: InterVarsity Press, 1987), 81.

17. J. G. McConville, *Judgment and Promise: An Interpretation of the Book of Jeremiah* (Leicester, UK: Apollos, 1993), 73-74. (J. G. 맥콘빌, 《심판을 넘어서 회복의 약속으로》, 그리심 역간)

18. Evi Rodemann, "Befriending Pain in Leadership: Why Crisis Lets Us Grow as Leaders," Lausanne Movement, 2022년 7월 22일, https://lausanne.org/about/blog/befriending-pain-in-leadership.

19. 이어지는 이야기와 인용문들은 앤드루 브룬슨이 린디 로리와 나눈 인터뷰에서 가져왔다. "Why Andrew Brunson Never Heard from God in Prison," 2021년 9월 7일, https://www.opendoorsusa.org/. 그리고 Sam Storms, Enjoy God (blog), 2022년 4월 27일, https://www.samstorms.org/enjoying-god-blog/post/why-andrew-brunson-never-heard-from-god-in-prison 참조.

8. 하나님의 치유가 의심될 때

1. 예를 들어 William L. Lane, *The Gospel of Mark*, New International Commentary on the New Testament (Grand Rapids, MI: Eerdmans, 1974), 331.

2. Keith Johnson, "Doubt," *Life Questions Every Student Asks: Faithful Responses to Common Issues*, Gary M. Burge, David Lauber 엮음

(Downers Grove, IL: InterVarsity Press, 2020), 127.

3. Johnson, "Doubt," 128.

4. Philip Yancey, *A Skeptic's Guide to Faith: What It Takes to Make the Leap* (Grand Rapids, MI: Zondervan, 2009), 19.

5. Christian Wiman, *My Bright Abyss: Meditation of a Modern Believer* (New York: Farrar, Straus and Giroux, 2013), 107.

6. Johnson, "Doubt," 129.

7. Frederick Buechner, *The Magnificent Defeat* (New York: HarperCollins, 1985), 35.

8. Johnson, "Doubt," 129; 이어서 존슨은 134쪽에서 이렇게 말한다. "성경은 신자들에게 의심을 받아들이라고 권하지는 않지만 의심을 항상 죄로 규정하지는 않는다. 그 대신 성경은 의심을 유한하고 타락한 인간 존재에 따르는 약함의 산물로 묘사한다. C. S. Lewis, "On Obstinacy of Belief," *The World's Last Night and Other Essays* (New York: Harcourt, Brace, 1960), 13-30쪽도 보라. (C. S. 루이스, 《세상의 마지막 밤》, 홍성사 역간)

9. Barnabas Piper, *Help My Unbelief: Why Doubt Is Not the Enemy of Faith* (Charlotte: Good Book, 2020), 78.

10. "25% of Americans Are Skeptical about Christianity. Why Is This So Important?," CT Creative Studio, 2022년 3월 14일, https://www.christianitytoday.com/partners/he-gets-us/insights-into-skeptics.html.

11. Piper, *Help My Unbelief*, 79-80.

12. Michael Hakmin Lee, "No Longer Christian," *Outreach*, 2022년 1월/2월, 49.

13. Wiman, *My Bright Abyss*, 76.

14. Tish Harrison Warren, *Prayer in the Night: For Those Who Work or Watch or Weep* (Downers Grove, IL: InterVarsity Press, 2021), 57.

9. 하나님의 부활 능력이 의심될 때

1. 이어서 전할 타이시아의 이야기는 다음 자료에서 볼 수 있다. Sarah Eekhoff Zylstra, "One Year Later, Christians in Ukraine Say, 'We Wouldn't Want to Be Anywhere Else,'" TGC, 2023년 2월 24일, https://www.thegospelcoalition.org/.

2. Thomas Paine 글, Jennifer Michael Hecht, *Doubt: A History: The Great Doubters and Their Legacy of Innovation from Socrates and Jesus to Thomas Jefferson and Emily Dickinson* (New York: HarperOne, 2004), 357쪽에 인용.

3. Christian Wiman, *My Bright Abyss: Meditation of a Modern Believer* (New York: Farrar, Straus and Giroux, 2013), 76.

4. Richard Dawkins, "A Scientist's Case against God" (the Edinburgh International Science Festival 강연, 1992년 4월 15일), *The Independent*, 1992년 4월 20일, 17.

5. Barnabas Piper, *Help My Unbelief: Why Doubt Is Not the Enemy of Faith* (Charlotte: Good Book, 2020), 83.

6. Keith Johnson, "Doubt," *Life Questions Every Student Asks: Faithful Responses to Common Issues*, Gary M. Burge, David Lauber 엮음 (Downers Grove, IL: InterVarsity Press, 2020), 137.

7. Johnson, "Doubt," 136.

8. 예수 그리스도 부활의 증거에 관해 자세히 알고 싶다면 다음 자료를 보라. Thomas A. Miller, *Did Jesus Really Rise from the Dead? A Surgeon-Scientist Examines the Evidence* (Wheaton, IL: Crossway, 2013); Frank Morison, *Who Moved the Stone? A Skeptic Looks at the Death and Resurrection of Christ* (1958; repr., Grand Rapids, MI: Zondervan, 1987); N. T. Wright, *The Resurrection of the Son of God*, Christian Origins and the Question of God 3 (Minneapolis: Fortress, 2003). (톰 라이트, 《하나님의 아들의 부활》, CH북스 역간)

9. Antony Flew and Gary R. Habermas, *Did the Resurrection Happen? A Conversation with Gary Habermas and Antony Flew*, David J. Baggett 엮음 (Downers Grove, IL: InterVarsity Press, 2009), 85. (앤터니 플루, 《부활 논쟁》, IVP 역간)

10. Charles Hodge, *A Commentary on the First Epistle to the Corinthians* (London: Banner of Truth, 1964), 314.

11. Piper, *Help My Unbelief*, 33.

12. Benjamin M. Palmer, *The Broken Home, or, Lessons in Sorrow*의 내용을 James W. Bruce III, *From Grief to Glory: Spiritual Journeys of Mourning Parents* (Wheaton, IL: Crossway, 2002), 124쪽에서 재인용.

10. 끝없는 의심을 딛고 믿음으로

1. Christian Wiman, *My Bright Abyss: Meditation of a Modern Believer* (New York: Farrar, Straus and Giroux, 2013), 3쪽에서.

2. Martin Luther King Jr. 글, Marian Wright Edelman, "Kids First," *Mother Jones* 16, no. 3 (1991): 77쪽에서 재인용.

3. Joni Eareckson Tada 글, Barnabas Piper, *Help My Unbelief: Why Doubt Is Not the Enemy of Faith* (Charlotte: Good Book, 2020), 44쪽에서 재인용.

4. Lesslie Newbigin, *Proper Confidence: Faith, Doubt, and Certainty in Christian Discipleship* (Grand Rapids, MI: Eerdmans, 1995), 99.

5. 케빈 팔라우가 공개한 2023년 11월 6일 이메일.

6. Wiman, *My Bright Abyss*, 9.

7. George MacDonald, *Unspoken Sermons: Series I, II, III in One Volume* (n.p.: NuVision, 2007), 191.

8. Philip Yancey, *A Skeptic's Guide to Faith: What It Takes to Make the Leap* (Grand Rapids, MI: Zondervan, 2009), 19.

9. Tom Skinner 글, Dennis Rainey, "My Struggle with Unbelief," Family Life, 2006에서 재인용, https://www.familylife.com/, 2023년 11월 22일 확인.

10. Ramazan 글, Sarah Eeckhoff Zylstra, "Escape from Kabul"에서 인용, TGC, 2022년 4월 29일, https://www.thegospelcoalition.org/.